KB250116

하성근 교수의
롤러코스터 경제학

하성근 교수의
롤러코스터 경제학

한국경제의 거품과 위기는 반복되는가

• 하성근(연세대 교수 · 한국경제학회 회장) 지음 •

21세기북스

한국경제는 1997년 IMF 외환위기를 겪은 지 11년 만에 다시 세계 금융위기의 충격을 받아 여러 경제 주체들이 많은 비용과 고통을 치렀다. 다행히 우리경제는 정부와 민간의 적절한 대응에 힘입어 다른 나라에 비하여 비교적 빠르게 위기 상황에서 헤쳐 나왔다. 미국과 유럽에서 촉발된 세계 금융위기는 '1930년대 대공황 이후로는 처음 맞는 초대형 위기'라는 말이 나올 정도로 큰 충격을 가져왔고 그 파장은 전 세계적으로 아직 진행 중이다. 포르투갈, 그리스 등 남유럽 국가들의 구제금융이 추진되고 있으며 유럽 다른 국가로 전이될지 어떨지 안심하기 힘든 상황이다.

이처럼 대외적으로 불확실성이 제거되지 않은 상태에서 한국경제에는 거액의 외국자본이 빠른 속도로 유입되고 있다. 이는 가파른 원화절상, 금리왜곡, 과잉유동성 문제의 악화 등과 같은 크게 부담스러운 결과를 만들어내고 있다. 특히 이번의 외국자본 유입 쏠림현상은 과도한 가계부채, 양극화 심화, 높은 인플레이션 위험 등과 같은 한국경제의 대내적 취약요인이 심화된 상태에서 나타나고 있다.

이러한 상황 전개는 한국경제 전반에 대해 새로운 위기의 가능성을 면밀히 점검하고 사전 대비를 강화할 것을 요구하고 있다. 우리는 대내적 취약성이 치유되지 않은 상태에서 과도한 외국자본 쏠림이 결국 두 차례 위기가 반복되었던 핵심 배경이었다는 사실을 결코 잊어서는 안 될 것이다.

나는 새로운 거품과 위기 반복의 위험을 규명하고 그 위험에 대한 적절한 예방과 대비를 정부와 각 민간 주체들에게 강조할 필요성을 그간 절감해왔다. 이것이 이 단행본 발간의 주된 동기이다.

이 책 1장에서는 먼저 한국경제가 새롭게 처하게 되는 글로벌 환경과 앞으로 한국경제가 풀어나가야 할 주요 장단기 정책 과제들을 다룬다. 특히 신보호주의의 발호, 원자재 확보경쟁 격화, 저탄소 녹색경제로의 불가피한 이행 등이 특징인 새로운 글로벌 패러다임의 전개를 감안하면서 한국경제는 미래성장모형을 어떻게 설정해야 하며 또한 앞서 언급한 바와 같은 당면한 대내적 취약요인들을 어떻게 관리하고 해결해야 하는지에 대한 문제를 논의한다.

제2장에서는 한국경제의 위기 재발 가능성이 높은 이유를 확인하고 위기 방지를 위해서 외국자본에 대한 규제 장치를 더 보완하고 강화해야 한다는 나의 관점을 분명히 알 수 있을 것이다. 그리고 한국 금융시장이 외국자본 유출입에 의하여 압도적으로 영향을 받는 '일방향 개방구조'에서 국내 자본도 외국시장에 적극적으로 진출하는 '양방향 개방구조'로 전환하는 과제의 중요성에 대해서도 명확하게 이해할 수 있을 것이다.

이 책의 후반부에는 2008년 글로벌 금융위기 파장으로 겪게 된 외환위기와 1997년 촉발된 IMF 외환위기에 관련하여 발표하거나 준비하였던 원고들이 실려 있다. 이 글들을 통해서 독자들이 두 번의 과거 위기 경험을 되새겨 현재 상황 인식과 미래 대응에 도움을 얻기를 기대한다.

금융부문이 상대적으로 낙후되어 있는 우리경제와 같은 소국개방경제에 있어서 과도한 금융개방은 심각한 위험을 초래할 수 있으므로 적절한 자본 통제 등 적극적인 안전 장치가 마련되어야 한다는 게 나의 일관된 주장이다. 다음은 내가 IMF 외환위기 발발 직후인 1998년 3월 20일 한국금융학회가 주최한 정책세미나에서 발표한 논문 내용의 일부분이다.

우리경제는 개방 확대로 인하여 경우에 따라 감당할 수 없는 대외적 충격과 교란에 노출되었다 …(중략)… 이러한 대외적 교란은 향후 한국경제의 안정적 성장에 결정적인 장애요소로 작용할 가능성이 있으며 위기의 재발도 초래할 수 있다 …(중략)… 정책당국은 단기외자의 급격한 유출입에 따른 폐해를 줄이는 장치를 적극 모색해야 한다. (본문 194~195쪽)

주지하는 바와 같이 IMF 외환위기를 거치면서 그 위기의 주요 배경이 되었던 한국 금융시장의 과속 개방은 치유되기는커녕 오히려 더 확대되어 완전개방의 상태로 귀결되었다. 그 이후에는 개방을 역행하는 의견이나 조치는 엄격히 금기시되는 분위기가 조성되었다. 그러다가 2008년도의 글로벌 금융위기 충격에 의해 두 번째 외환위기를 맞게 되었다. 새로운 위기를 겨우 벗어났던 2010년 6월에 와서야 정부 당국은 지나친 개방의 문제점을 인식하여 일련의 개방제한조치(선물환 매도에 관련된 단기외화차입규제, 외국인채권과세환원, 은행세 부과 등)를 내렸다.

그러나 이러한 정책들은 아직 상당히 낮은 단계의 제한에 그치고 있어 그 효과의 유효성을 크게 기대하기 힘들다. 따라서 앞으로 정책 당국은 조속히 보다 유효한 자본통제장치를 강구하여 도입해야 할 것이다.

사람들이 사물을 보는 각도에 따라 다르게 보듯이 경제학자들도 경제 문제를 관점에 따라 다르게 해석하고 그 해법을 다르게 처방한다. 여기서도 나의 관점에 따라 경제위기의 원인과 대책을 설명한다고 볼 수 있다. 따라서 관점과 주장의 한정성도 인정하지 않을 수 없다. 독자들은 어떤 논자의 논리와 주장을 보다 잘 이해하기 위해서는 그 논자의 관점 형성 배경을 아는 것이 도움이 된다. 다음에서 내가 어떤 배경과 경험을 가지면서 한국경제의 현안을 파악하고 분석해 왔는가를 간략히 서술하고자 한다.

나는 미국 인디애나 대학교에서 금융에 관련한 주제로 박사학위를 받은 후 미국에서 교수생활을 하다가 우리나라 중앙은행인 한국은행 조사 1부 특수연구실에서 약 3년 반 동안 통화와 금융 실무에 관한 연구를 수행할 기회를 가졌다. 특히 그 기간 동안 우리경제의 통화 공급 구조 및 그 관리 행태에 관한 연구에 집중하였다. 1984년에 한국은행을 퇴직하고 연세대 교수로 재직하게 된 이후에도 지속적으로 이 주제는 주요 연구관심사의 하나가 되었다.

통화 당국의 정책운용행태는 해당 기관의 대차대조표에 그대로 투영된다. 장기간 한국은행의 대차대조표 변동내역을 추적하고 분석해온 경험은 한국경제의 주요 현안을 명확히 이해하고 평가하는 데 중요한 기반이 되었다고 생각한다.

우리경제의 고도 성장기에 있어서는 수출기업 지원을 위한 정책금융문제가 그 시대의 핵심적인 정책 현안 가운데 하나였다. 이 시기의 정책금융의 기능—특히, 역기능(본원통화 증발, 통화관리비용의 증대 등)—을 규명하고 평가하는 데 한국은행의 대차대조표 정보가 매우 중요하고 유용하다는 사실을 확인하였다. 그리고 최근 금융개방 시기에서의 핵심 이슈인 외국자본의 유출입 효과—특히 부정적 효과(한국은행 해외자산의 급변동, 거액의 통화안정증권의 발행 및 관리비용, 과잉유동성의 유발 등)—를 구체적으로 파악하는 데 있어서도 그것의 유용성을 다시 확인할 수 있었다.

결국 이 책에 게재된 상당수의 글들은 그 관점의 논거를 통화금융정책의 행태에 대한 지속적인 연구노력과 결과에 두고 있다고 할 수 있다.

본 저서를 구성하는 여러 원고를 작성하는 과정에서 귀중한 조언과 도움을 준 연세대를 포함한 경제학계의 동료들, 그리고 언론계, 관료계 등의 여러 지인들에게 다시 깊은 감사를 드린다. 그리고 바

쁜데도 불구하고 출간자료를 상세히 읽고 귀중한 조언과 교정을 해
준 한국은행의 정형권 박사, 매일경제신문의 조경엽 국장, 하나금융
경영연구원의 노진호 박사 그리고 연세대 대학원의 진형석, 고동현,
김현보 조교에게 감사를 표한다. 마지막으로 출판 과정에서 창의적
인 제언을 많이 해준 21세기북스 김영곤 사장님을 비롯한 임직원들
에게 감사드린다.

2011년 5월
신록이 우거진 무악산 기슭의 연구실에서
하성근

제1부

한국경제 세 번째 위기는 오는가

2011 북이십일 도서목록

북이십일이
특별한 감성으로
새롭게 태어납니다.

지식과 정보의
새로운 향유 방법을 창조함으로써
여러분과 함께 즐거움을 나누고
공유하겠습니다.

21세기북스

QR코드를 스캔하시면 21세기북스의
좋은 책들을 보실 수 있습니다.

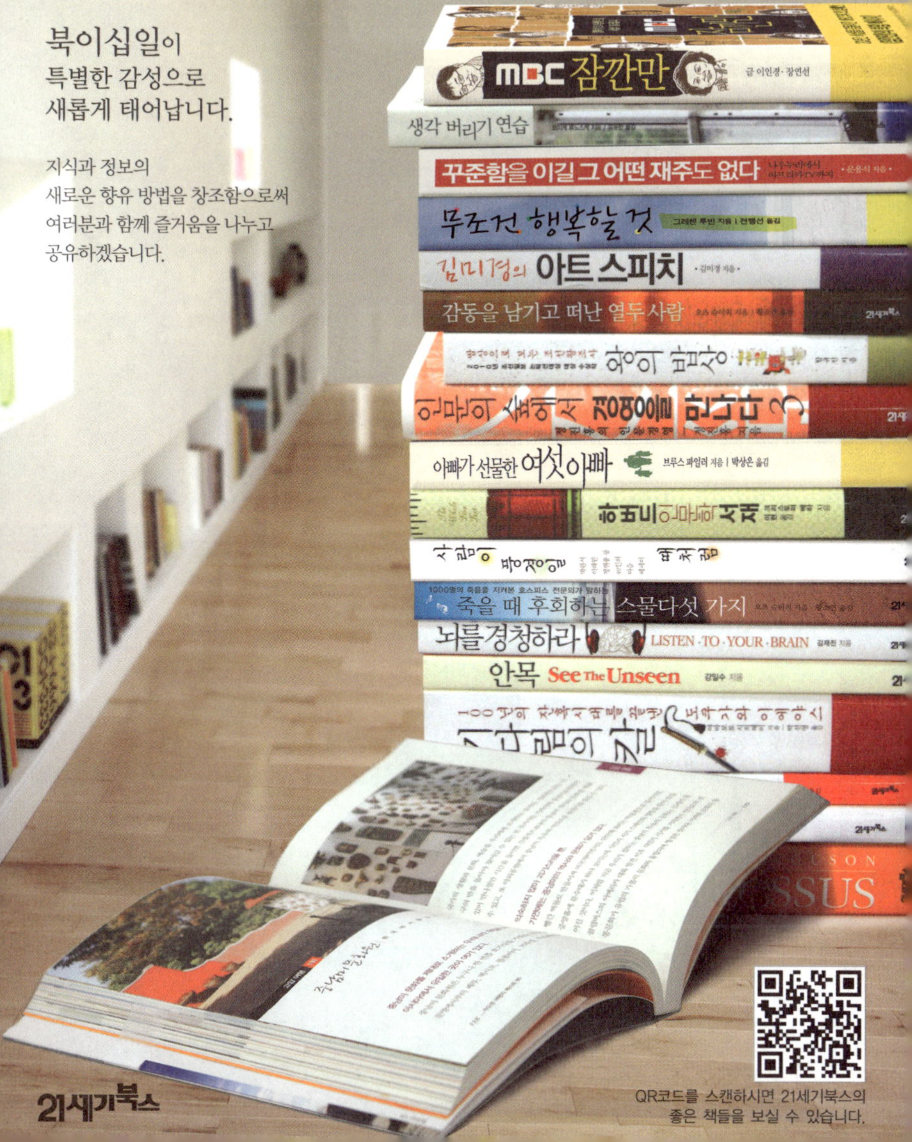

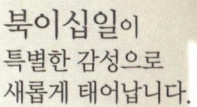

사람이 풍경일 때처럼
박완서 · 이해인 외 40인 지음 / 값 13,000원

조선일보 인기 연재 명작 에세이 40편

2009년부터 조선일보를 통해 연재되었던 문인들과 각계 인사들의 에세이 중 40편을 엮은 책이다. 박완서, 이해인, 정호승 등 한국을 대표하는 문인들과 기업인, 사회운동가, 스포츠선수 등 다양한 분야에서 활약 중인 유명인사들의 진솔한 이야기를 담았다. 용기를 얻을 수 있는 잔잔한 감동의 이야기들이다.

MBC 잠깐만
이인경 · 장연선 지음 / 값 13,000원

행복하기로 마음먹은 날, 세상이 달라집니다!

MBC라디오 캠페인 〈잠깐만〉을 책으로 만나다. 수많은 명사들이 들려주는 행복해지는 한마디! 20년간 세상을 감동시킨 MBC라디오 공익캠페인 〈잠깐만〉이 책으로 나왔다. 윤종신, 황정민, 신경숙 등 수많은 명사들이 〈잠깐만〉을 통해 전했던 따뜻한 이야기들을 읽다 보면, 희망과 행복을 찾는 법을 배울 수 있다.

아빠가 선물한 여섯 아빠
브루스 파일러 지음 / 값 12,000원

미국 전역을 울린 어느 시한부 아빠의 마지막 프로젝트

쌍둥이 딸을 앞에 두고 삶의 마지막을 준비해야 하는 아버지의 애달픈 마음을 담고 있는 감동 실화이다. 삶의 각 시기별로 자신을 대표할 만한 사람 여섯 명으로 구성된 '아빠 위원회'는 브루스가 떠난 후 쌍둥이들이 느끼게 될 아빠의 빈자리를 채워주고, 그를 대신해 놀랍게 성장해 갈 두 딸의 모습을 지켜보게 될 것이다.

세상에 마음 주지 마라
웨인 다이어 지음 / 값 12,000원

『행복한 이기주의자』 웨인다이어의 인생론

악착같이 모았던 것들이 버려야 하는 것임을 알았다! 많은 사람들이 욕망을 인생의 목표로 삼고 있다. 하지만 욕망은 행복을 품지 못한다. 욕망에서 벗어나기 위한 여행을 시작할 때, 당신은 그 자체로 의미가 된다. 돌아서서 당신 자신에게로 곧장 가라.

★ 출간 즉시 아마존 1위!

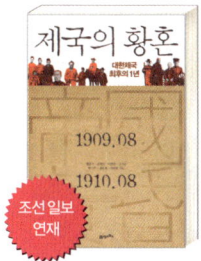

조선일보 연재

제국의 황혼

정진석 외 6명 지음 / 값 23,000원

한일병합 1년 전의 풍경 속에서 망국의 징조와 기미를 읽는다!

2009년 8월 29일에 시작하여 국치 100주년이 되는 날, 즉 2010년 8월 29일에 끝이 났다. 1년 동안 조선일보에 연재되면서 수많은 독자들의 관심과 호평을 받았다. 역사의 수레바퀴를 한일병합 1년 전인 1909년 8월 29일로 되돌려 나라가 망하던 비극의 그날까지 365일간을 기록했다.

차갑지도 뜨겁지도 않은 청춘에게

이강락 지음 / 값 12,000원

스스로 자신의 역사를 기록하면서 삶을 업그레이드하라!

"어디로 배를 저어야 할지 모르는 사람에게는 어떤 바람도 순풍이 아니다." 요즘의 청춘들에게 '나'의 자리는 없다. 오로지 '남들'의 이야기만이 있다. 이런 이들에게는 어떠한 미래도 불투명할 수밖에 없다. 힘차게 달려 나가야 할 시기에 '나'를 잃고 미적지근하게 살고 있는 청춘들에게 진정한 비전을 찾고 인생을 성공으로 이끄는 보석 같은 지침들을 들려준다.

개의 사생활

알렉산드라 호로비츠 지음 / 값 16,000원

우리가 몰랐던 개의 진실이 밝혀진다!

개는 색맹이다? 개의 소변은 '영역 표시'다? 우리의 근거 없는 추측이 '개'를 이해하기 어렵게 만든다. 개들은 항상 우리에게 말을 걸고 있다. 다만 인간인 우리가 그들의 말을 이해하지 못할 뿐이다. 이 책은 개가 되어 보지 않고도 개에 관해 가장 잘 이해할 수 있는 방법을 가르쳐준다.

인문의 숲에서 경영을 만나다 1·2·3

정진홍 지음 / 각 권 값 15,000원

인문학은 삶의 학문이자 의지의 그루터기다!

이 책의 존재 이유는 오직 하나.
인문학의 자양분을 섭취해 저마다 삶의 밑동으로부터 통찰의 힘을 키우자는 것이다. 그것이 전부다. 그것을 키울 수만 있다면 이 책은 불쏘시개가 되어도 아깝지 않다.

똑바로 일하라

제이슨 프라이드 · 데이비드 하이네마이어 핸슨 지음 / 값 14,000원

열심히만 하지 말고 '제대로' 일하라!

성과를 내고 싶다면 일의 개념부터 완전히 바꿔야 한다. 큰 계획보다는 작은 계획을 세워라, 회의는 성과의 독이다, 일중독자가 되지 마라! 우리가 흔히 알고 있는 일에 관한 고정관념들을 발칙하게 깨부수며 일과 성과에 관한 새로운 시각을 제시한다.

이 책을 무시하면 위험해 진다. _세스 고딘

꾸준함을 이길 그 어떤 재주도 없다

문용식 지음 / 값 14,000원

나우누리에서 아프리카 TV까지

세 번의 대주주사 부도와 3년 누적적자 100억 원의 위기를 극적으로 턴어라운드시켜 9년 연속 흑자 행진을 하고 있는 나우콤 문용식 대표의 20년 경영 노하우.
대한민국은 건국 이후 60여 년 동안 너무 승자 독식의 정글자본주의 사회로 치달았다. 이제는 모두가 불안한 사회에서 벗어나야 한다. 함께 사는 길을 찾아야 한다.

우리는 천국으로 출근한다

김종훈 지음 / 값 15,000원

8년 연속 대한민국 훌륭한 일터상 수상!

출근하고 싶어 안달난 회사를 만들어라! 일터를 바꾸고 세상을 바꾸어라! 여기 한미파슨스의 사례는 직장을 천국으로 만드는 일이 반드시 불가능한 꿈만은 아니라는 증거가 된다. 100퍼센트 종업원 지주제, 2개월간 유급휴가 애플배케이션 제도, 이익보다 구성원이 우선인 회사!

한 조각의 상상력 아침미술관 1·2

이명옥 지음 / 각 권 값 16,000원

"나는 매일 아침 한 점의 그림을 읽는다!"

비즈니스에 감성을 더하는 Morning Art. 매일 한 점의 그림과 글을 감상할 수 있게 구성되었다. 한 권의 책에 담기 어려운, 동서고금을 넘나드는 다양한 도판은 참신한 기획으로 유명한 사비나미술관 관장의 초이스다.

YES24
올해의 책

설득의 심리학 ❶❷
로버트 치알디니 지음 / 각 권 값 12,000원

130만 독자를 사로잡은 '설득의 바이블'

'예스'는 정말 단순한 말이다. 하지만 동료, 고객, 소비자, 심지어 가족들에게 이 말을 듣기란 쉬운 일이 아니다. 적어도 설득 과정의 비밀을 알지 못한다면 거의 불가능하다. 이 책은 우리에게 강력하고 가치있는 설득의 비밀을 알려주는데 그치지 않고, 빠른 시간 안에 목표를 달성할 수 있도록 도와준다. ★ SERICEO 추천도서

YES24
올해의 책

칭찬은 고래도 춤추게 한다
켄 블랜차드 외 지음 / 값 10,000원

대한민국에 칭찬 열풍을 일으킨 화제의 책!

직장과 가정에 놀라운 변화를 이끄는 칭찬의 힘을 통해 성공적인 인간관계를 위한 기분 좋은 메시지를 전한다. 집안의 가장으로서, 회사의 간부로서 가족과 직원들에게 열정과 희망을 불러일으키고자 하는 사람들을 위한 훌륭한 지침서이자 안내서!

★ SERICEO 추천도서   ★ 교보문고 선정도서

프레임
최인철 지음 / 값 10,000원

협상, 나의 한계를 깨는 마음 경영법

이 책은 서울대 심리학과 최인철 교수가 들려주는, '지혜롭게 사는 법'을 담았다. 심리학에서 '세상을 바라보는 마음의 창'을 의미하는 '프레임'은 어떤 문제를 바라보는 관점, 세상을 관조하는 사고방식, 사람들에 대한 고정관념 등을 의미한다.

정갑영 교수의 만화로 읽는 **알콩달콩 경제학** 1·2
정갑영 글 · 박철권 그림 / 각 권 값 13,800원

출구전략이 도대체 뭐지? 도요타가 몰락한 이유는?

우리집 가계부가 튼튼해지는 경제상식을 만화로 읽는다.
주식, 부동산, 은행과 친해지는 실전 경제상식부터 우리가 사랑하는 영화와 드라마의 경제적 효과까지 한층 더 강력해진 내용으로 돌아온 세상에서 가장 쉬운 경제학 강의 두번째 시간!

1장
신 글로벌 경제 시대의 한국경제

1

·

향후 50년을 바라보고
신 성장전략을 세우자

대외의존도가 높은 한국경제는 글로벌 금융위기에 휩쓸리면서 다른 나라보다 더 심한 홍역을 겪었다. 그러나 정부의 과감하고 신속한 정책 대응 등으로 한국경제는 OECD경제협력개발기구 회원국 중에서 가장 빠른 회복세를 보이고 있다. 이러한 성과는 대외적으로도 높이 평가돼 국가 신용등급의 상향 조정, 역사적인 G20 정상회의 유치 등에 큰 역할을 했다. 그렇지만 경제회복이 충분한 것은 아니다. 민간부문의 소비와 투자가 어느 정도 나아지고 있지만 아직 미흡하고 일자리 증가율은 여전히 마이너스 상태이기 때문이다.

한국경제는 앞으로 1~2년이 매우 중요하다. 이번 글로벌 경제위기를 계기로 세계경제 질서는 패러다임의 전위를 겪게 될 것이다. 향후 세계경제는 신新보호주의가 발호하고 자원 확보 경쟁이 치열해지는 가운데 저탄소 녹색경제로의 적응이 국가나 기업의 핵심 과제가 될 것으로 전망된다.

한국경제는 이러한 새로운 패러다임과 경쟁에 빨리 대비해야 한다. 다행히 조기에 경기회복을 이루어내 아직도 정체 상태인 주요국보다 유리한 기회를 갖게 됐다. 이러한 얻기 어려운 기회를 최대한 잘 활용해야 한다.

그런 가운데 이명박 정부가 일자리 창출에 최우선을 둔다고 선언한 것은 적절한 선택이다. 문제는 어떻게 일자리를 창출할 것인가이다. 앞으로는 수출산업에만 의존하는 기존 방식으로는 일자리 창출을 제대로 도모하기 어렵다. 이제는 내수산업 육성을 통해 수출과 내수의 균형적 확대를 추구하는 새로운 성장 모델을 구축해야 한다.

이를 위해 서비스산업을 획기적으로 육성하여 고용 창출 기반을 강화함으로써 경제의 대외의존도와 리스크를 줄여나가야 한다. 그리고 고용 창출 기반에 걸림돌이 되는 노동시장의 경직적인 구조와 관행, 낙후된 교육제도 등에 있어서도 대대적인 변화를 유도해야 한다.

또한 소홀히 해서는 안 될 것은 위기 재발을 막고 위기 시 대응능력을 보강하는 일이다. 두바이 사태에서 보듯이 아직도 대외적으로는 상당한 불확실성과 위험 요인이 잠재돼 있다. 기업·금융기관·가계 등 경제 주체들이 자산 건전성을 높이고 잠재 부실 요인을 선제적으로 줄여나가도록 유도해야 한다. 그리고 정책 당국은 재정의 지속 가능성에 대해 시장으로부터 신뢰를 쌓아나가는 노력을 지속할 필요가 있다.

한편 정부는 새로운 성장 동력이 되는 저탄소 신에너지 산업을 더 적극적으로 육성해야 한다. 주요 해외시장과의 FTA자유무역협정를 지속적으로 추진하면서 한·중·일 3국 간의 FTA도 적극 검토할 필요가 있다. 경쟁 제한적인 규제와 제도를 세밀히 재검토하고 새로운 여건에 맞게 재정비해야 한다. 중소기업과 자영업 등 경쟁력이 취약한 부문에 대한 구조조정도 중요하다. 또한 법질서 준수, 제도 전반의 투명성 제고 등 사회 문화적 수준을 높여나가야 한다.

서비스산업 육성이나 노동시장 유연성 제고와 같은 과제들은 관련 주체들의 첨예한 이해상충 문제로 실행하기가 쉽지가 않다. 그러나 이것들은 한국경제가 절실하게 부족한 일자리를 창출하고 새로운 성장 동력과 경쟁력을 확보하기 위해 반드시 해결해야 할 과제들이다.

한국경제는 50여 년 전에 그 시대의 패러다임에 맞는 수출산업 중심의 성장 전략을 시의적절하게 채택해서 그간의 경제 도약을 이뤘다고 볼 수 있다. 이제 한국경제는 다시 향후 50년을 바라보면서 새로운 패러다임에 맞는 성장 전략을 설정하고 단호하게 실천해 제2의 도약을 기약해야 할 중요한 시점이다.

●「문화일보」, 2010년 2월 1일

2

·

미국경제의 더블딥 가능성을 예의 주시하라

2010년 8월 말 미국 상무부는 상당히 우울한 통계를 발표했다. 이 통계에 따르면 2010년 2분기 미국 GDP국내총생산 성장률은 1분기보다 훨씬 낮은 1.6퍼센트에 그쳤고 실업률은 9.6퍼센트에 이르렀다. 8월 주택 판매 건수는 전월에 비해 27.2퍼센트나 줄어들어 통계 집계 이래 가장 큰 폭으로 감소했다.

이런 통계는 현재 미국경제의 더블딥double dip 가능성, 즉 미국 GDP 성장률이 다시 마이너스로 전환할 가능성에 대한 논란을 재연한다. 특히 미국 연방준비은행FRB의 연례 심포지엄에서 마틴 펠드스타인 하버드대 교수는 다음과 같이 말했다.

"미국경제는 허약하고 여려서 더블딥 가능성이 33퍼센트에 이른다."

향후 미국경제의 큰 흐름과 더블딥 가능성을 가늠해보려면 2008

년 미국 금융위기의 배경을 다시 살펴보는 데서 중요한 실마리를 찾을 수 있다. 미국경제는 그동안 제조업 분야에서 경쟁력을 상실하게 되자 대외적으로 비교우위가 높은 금융산업에 크게 의존해왔다. 미국 금융산업의 수익이 미국경제 전체가 얻는 총수익에서 차지하는 비중은 최근 20여 년 동안 10배 이상 증가했다. 이에 따라 이번 위기 발발 이전까지 미국 금융산업은 자국 국민소득의 30퍼센트를 차지하는 중추산업이자 효자산업의 하나로 자리를 잡게 됐다.

이런 금융산업의 급성장은 주지하는 바와 같이 미국경제에 거대한 거품과 부실을 초래하게 됐고 결과적으로 최근의 초대형 위기를 유발했다. 이 위기는 그것을 배태한 미국의 금융산업에 심각한 타격을 가했다. 미국경제의 주요 소득창출 기반을 갑자기 축소 내지 약화시키는 결과로 이어졌다. 따라서 미국인의 소득 증가가 이어지고 일자리가 늘어나기 위해서는 미국의 금융산업이 이전처럼 활력을 되찾거나 금융산업 외 다른 산업의 견고한 성장 또는 신산업의 출현이 있어야 한다.

오바마 정부는 금융규제 강화를 골자로 한 금융개혁법(도드 프랭크법)을 서둘러 추진하고 있다. 경우에 따라 이 법안의 시행이 조금 늦춰질 수는 있겠지만 금융업 비리에 대해 크게 분노하고 있는 미국 국민의 여론을 고려할 때 이 법안은 머지않은 장래에 시행될 것으로 보인다.

앞으로 상당한 기간 동안 규제 강화에 의한 미국 금융산업의 위축은 피하기 힘들 것이다. 또한 미국경제가 향후 지속적인 수익을 창출하는 산업기반을 확대하거나 새롭게 구축하는 것을 실현하는 데는 적지 않은 기간이 소요될 수밖에 없다. 이런 관점에서 보면 가까운 미래에 미국경제의 지속가능한 회복이나 성장을 결코 낙관할 수 없다는 것을 알 수 있다.

벤 버냉키 미 연방준비제도이사회 의장이 표명한 대로 미 연방준비은행이 양적완화 정책을 추가로 실행한다 하더라도 그것은 경제주체들의 공포심 재발을 진정시키는 데는 효과가 있겠지만 위기에 기인한 소득과 일자리 감소를 크게 반전시키지는 못할 것이다.

결국 미국경제는 지속적인 소득 창출이 가능한 기존 산업의 성장이나 새로운 수익산업 구축이 가시화할 때 더블딥 가능성에서 벗어날 수 있을 것이다. 따라서 현시점에서는 미국경제의 더블딥 가능성이 존재하며 그 가능성은 앞으로도 상당 기간 존속된다고 볼 수 있다.

우리는 주요 교역 상대국인 미국의 이러한 우울한 상황 전개와 그 국제적 파장을 높은 경계심을 가지고 예의 주시하고 대비해야 할 것이다. 다른 나라들보다 대외의존도가 유별나게 높은 한국경제는 앞으로 대내적 거시건전성을 높이는 노력을 강화하면서 대외여건 악화에 의한 위기 재발 방지에 만전을 기해야 한다. 특히 내수 부문을 획기적으로 확대하는 조치를 적극 시행해 우리경제의 대외의존도를 우선적으로 줄여나가야 할 것이다.

● 「매일경제」, 2010년 9월 2일

3

G20 정상회의를 계기로 혁신하자

세계 각국이 원하든 원하지 않든 세계경제 질서는 새로운 패러다임으로 바뀌어가고 있다. 새로운 패러다임은 글로벌 경제의 불균형 축소 유도와 신흥시장국들의 역할 확대가 주된 내용이다. 이러한 신체제를 디자인하는 최상위 기구로 탄생한 것이 G20 정상회의다.

한국은 변방의 약소국으로서 강대국들이 정해놓은 패러다임에 적응하는 데 급급한 '을'의 입장에서 벗어나지 못했다. 그러나 우리 국력이 신장되어 이번에 G20 정상회의 의장을 맡아 새로운 규칙을 정하는 '갑'의 역할에 참여하게 되었다. 이는 분명히 한국에 역사적 의미가 크고 자랑스러운 일이다.

이번 회의에서는 과도한 경상수지 불균형의 완화를 위한 구체적 가이드라인을 2011년 상반기까지 마련하기로 하였고 또한 각국은 해당 국가의 펀더멘털에 무관하게 정책적으로 환율에 영향을 미치지 않기로 합의했다.

물론 이 합의는 문제 해결을 다소 미룬 측면이 있다. 그러나 경상수지의 국제적 불균형 완화가 복잡하고 점진적으로 접근할 수밖에 없는 사안임을 감안한다면 이 결과에 실망할 필요가 없을 것이다. 비록 이 사안에 대해 국가 간 이해관계가 첨예하게 대립하더라도 앞으로 머지않은 미래에 불균형 해소에 대한 상당한 해법 합의가 도출될 가능성이 높다. 왜냐하면 이제 각국은 상호의존 관계가 심화되어 한 배에 타고 있는 형국에 처해 글로벌 불균형이라는 큰 장애물을 지니고는 결코 순항할 수 없다는 것을 서로 충분히 인식하고 있기 때문이다.

글로벌 금융안전망 개선과 개도국의 개발의제 설정도 이번 회의의 진일보한 성과이지만 한국의 국익에 부합하는 가장 큰 성과는 신흥국의 자본 유출입 규제에 대한 국제적 합의다.

유별나게 대외의존도가 높은 한국경제는 그간 과도한 자본 유출입에 의해 큰 폐해를 경험해왔고 앞으로도 그럴 가능성이 높은 상태였다. 그러나 이번 합의로 정책 당국은 외국자본 규제에 따른 부담이 줄어 그 운신의 폭이 확대되었다. 당국은 적절한 규제 장치를 적극 강구하여 실기失機하지 않고 실행할 필요가 있다. 한국은 세계무대에서 처음으로 갑의 영역에 진입했지만 아직 그 영역에 자리를 굳히지 못했다. 따라서 앞으로도 많은 노력으로 실력을 키워나가 그 자리에서 밀려나지 않아야 한다.

우선 G20 정상회의에 투입했던 자원의 일부는 계속 유지하여 그간 확보했던 관련 정보, 경험, 인적 네트워크를 관리하고 강화해나가야 할 것이다. 또한 세계 주요 국가들의 실상에 대한 심층 분석과 연구 노력을 보다 확대해야 한다.

이제는 우리경제의 내부 문제에 보다 더 집중해야 할 필요가 있다. 특히 경제 내실을 다지고 새로운 글로벌 패러다임에 잘 적응할 수 있도록 구조 개편을 추진해야 한다. 특히 정부는 내수산업 활성화에 박차를 가하여 한국경제를 수출 위주의 성장 모형에서 수출과 내수의 균형적 확대를 추구하는 새로운 성장 모형으로 전환시켜야 한다. 이러한 내수산업의 육성은 가장 큰 정책 현안인 일자리 부족 문제 해결에도 크게 기여할 수 있을 뿐 아니라 한국경제의 대외의존도를 줄이고 나아가 글로벌 불균형 해소에도 기여할 수 있다.

글로벌 금융위기 탈출 등 시급한 현안에 밀려 그간 우리경제의 주요 부문(금융·기업·노동·공공 등)의 고비용—저효율 요인을 해소하는 혁신 작업을 본격화하지 못했다. 그러나 우리는 이번 역사적인 회의를 계기로 우리의 시대적 과제를 분명히 확인할 수 있었다. 이제는 우리경제의 건전성과 경쟁력을 확실하게 업그레이드할 수 있는 대대적인 혁신을 적극 도모해야 할 때다.

우리경제의 대대적인 변화는 향후 대선 일정 등을 감안할 때 조만간 실행하지 않으면 그 실행 시기가 크게 늦어질 수밖에 없다는 것을 상기해야 한다.

● 『매일경제』, 2010년 11월 15일

4

원화절상과 물가 상승 문제에 대비하라

2010년 들어 세계 실물경제는 기대 이상으로 회복세가 유지되었다. 여러 상황을 종합해볼 때 앞으로 2008년도의 글로벌 금융위기와 같은 대규모 위기가 재발할 가능성은 낮다. 그렇지만 여전히 크고 작은 교란요인이 잠재되어 있는 것은 사실이다. 특히 재정취약 국가들로부터 예상되는 충격이나 미·중 간의 통화전쟁 등 경제 마찰의 악화, 이와 연관된 보호무역주의의 확산 등과 같은 악재들이 세계경제에 상당한 충격을 줄 수 있다.

경기회복이 느리게 진행되고 있는 주요 선진국과는 달리 아시아 신흥 국가들은 빠르게 경기를 회복했다. 앞으로도 이런 회복 추세는 계속될 것으로 보인다.

지역별 경제 흐름을 요약해보면 미국경제는 앞으로 어느 정도의 회복세를 이어가겠지만 그 속도는 둔화될 것으로 보인다. 비록 최근에 취해진 미 연방준비은행의 6,000억 달러 규모의 양적완화 정책이 시행되더라도 주택경기의 부진, 고용사정 개선 지연 등으로 경기 회복세는 제한적일 것으로 예상된다.

유로지역 경제에서는 수출 증가가 유지되고 민간소비도 증가 추세를 보일 것이다. 그러나 스페인, 포르투갈 등 남유럽 국가나 아일랜드의 심각한 경제 문제는 쉽게 해결되지 않을 것이다. 따라서 이들 지역의 취약성은 계속될 것이다.

일본경제는 여전히 어려움을 겪을 것으로 전망된다. 수출 증가세는 어느 정도 이어지겠지만 엔화 강세 등으로 그 폭은 다소 줄어들 것이라고 보아야 한다. 일본경제의 설비투자와 민간소비는 정부의 내수 진작 정책의 강도에 의해 영향을 받을 것이다.

중국경제는 그동안의 성장세보다는 약화되겠지만 정부의 목표인 8퍼센트대는 상회하는 성장률을 나타낼 것으로 전망된다. 중국 정부의 내수부양 정책의 확대로 민간 소비는 어느 정도 증가하겠지만 세계경제의 성장률 저하로 수출은 다소 주춤할 것으로 예상된다.

국제 금융시장에서는 약달러 추세가 계속될 것이라는 전망이 우세하다. 세계경제가 어느 정도 회복 국면에 들어서고 있다는 점과 안전 자산 선호 성향의 약화 등은 약달러 흐름을 뒷받침하고 있다. 특히 앞서 언급한 바와 같은 미 연방준비은행의 대규모 양적완화 정책 시행은 약달러 추세를 더 강화시키는 역할을 할 것이다.

글로벌 금융위기 진행 과정에서 증발된 많은 유동성은 상대적으로 경기 회복 속도가 빠른 신흥 시장국에 금융 투자자금으로 유입되고 있다. 이러한 자금유입은 신흥 시장국의 금융자산가격을 크게 상승시키며 자산 거품 위험을 초래하고 있다. 특히 신흥 시장국의 주가나 채권가격의 상승은 2011년에도 계속될 것으로 예상된다.

국제 금융연합회의 자료에 의하면 선진국에서 아시아 신흥국에 유입된 신규 자금의 규모만 2010년에 1,000억 달러 이상이 될 것으로 추정되고 있다. 이러한 신흥 시장국으로의 자금 유입 확대는 환율 급락, 수출감소 등 큰 교란과 비용을 유발하고 있다.

국제 유가는 신흥 시장국을 중심으로 한 수요 증가 요인과 주요 선진국 경제의 회복세 둔화, 주요국의 충분한 석유 재고 등 수요 하락 요인이 교차되어 종합적으로는 2010년에 보였던 상승세가 2011년에도 계속될 전망이다.

2010년 들어 국내 경기는 호조를 보인 수출 증가세가 주도했다. 소비와 설비투자 등 내수도 함께 증가하면서 예상보다 높은 상승세를 나타냈다. 실질 GDP 성장률이 2010년에는 전망치보다 높은 6퍼센트를 상회할 것으로 보는 것이 일치된 견해이다. 그러나 2011년 중 국내 경기는 2010년보다 상당히 둔화될 것으로 보인다. 무엇보다도 그간의 수출 신장세가 약화될 것이다. 그렇지만 민간 소비나 설비투자 증가세가 어느 정도 유지되면서 경기 상승세는 이어질 가능성이 높다. 하지만 앞서 지적한 대외적 교란요인이 적지 않은 충격을 우리경제에 미칠 수 있다는 것을 유념해야 한다.

빠른 경기 회복으로 가계의 금융자산이 늘어난 점을 감안할 때 민간 소비 증가는 계속 이어질 것이라고 볼 수 있다. 그리고 설비투자도 기업의 수익성 개선에 따라 그 증가세가 유지될 것으로 기대된다. 건설투자는 계속되는 주택매매 위축 등으로 여전히 부진한 모습을 보일 전망이다. 경상수지는 세계경제의 회복 지연, 내수 회복에 따른 내국인의 수입 증가 등과 같은 측면을 고려할 때 그 흑자규모는 상당히 축소될 것으로 보인다.

한편 고용사정은 그간의 빠른 경기 회복세에 힘입어 꾸준히 나아질 전망이다. 그러나 정부나 기업이 그간 미루어왔던 구조조정을 실행할 경우 고용사정은 과도적으로 후퇴하는 모습을 보일 수 있다.

물가는 2010년 하반기부터 불안한 행태를 보이고 있다. 그간 글로벌 금융위기에 대응하여 통화 당국은 많은 유동성을 풀었고 외국자금도 많이 유입되었다. 이러한 유동성 상황전개는 시장에서의 예상 물가 상승률의 증가에 기여하고 있다. 한편 물가 상승의 공급측 요인도 크게 부각되고 있다. 일부 공공요금의 인상, 곡물 등 국제 원자재 가격의 상승 등이 그것이다.

이러한 수요측 요인과 공급측 요인의 변화를 고려할 때, 2011년도 소비자물가 상승률은 통화 당국의 목표치인 3퍼센트를 상회할 것으로 보인다. 또한 정책 당국은 근원 인플레이션*도 경기 상승세가 이어지고 원자재 가격상승이 시차를 두고 반영된다는 것을 지적

---

* 코어 인플레이션core inflation이라고도 한다. 소비자물가지수에서 곡물을 제외한 농산물과 석유류 등과 같이 외부요인에 의해 일시적으로 급등락하는 품목을 제외하고 난 후 산출하는 물가지수이다.

하면서 그 목표치보다 더 높아질 것을 공개적으로 우려하고 있다.

실물 시장에서는 비교적 상승세가 이어질 것이라고 할 수 있지만 금융시장에 있어서는 상대적으로 높은 수준의 변동성을 나타낼 것으로 전망된다. 글로벌 금융위기를 전후로 국내 금융시장에서 대규모로 유출되었던 외국인 자금이 2009년 이후 다시 급속히 유입되었다. 특히 2010년 들어서 9월 말 기준 외국인의 국내 채권 보유 잔액만 사상 최고 수준인 75조 원으로 확대되었다. 2011년에도 외국인 투자자금은 그 유입세가 지속될 것으로 보인다. 미국 등 주요국의 양적완화 정책에 따라 더욱 풍부해진 글로벌 유동성이 신흥국에 대거 유입되는 행태가 계속될 것이다.

우리나라의 경제는 비교적 양호한 재정 건전성, 풍부한 채권시장 유동성 등으로 외국인들의 선호는 지속될 것으로 보인다. 그러나 대내외 경제에 큰 충격이 발생할 경우에는 이러한 외국인 투자자금이 일시에 빠져나가 환율의 급등, 외화 유동성 부족 등 심각한 상황을 일으킬 가능성을 배제할 수 없다. 한국경제는 이미 두 차례 (1997년 외환위기와 2008년 글로벌 금융위기) 이러한 심각한 상황을 겪은 바 있다. 다른 나라의 경우에도 외국인 투자자금은 평소에 꾸준히 유입되다가 위기 시에 일시에 유출되는 행태를 보여 금융시스템의 큰 불안을 야기한 요인으로 작용했다.

G20 정상회의의 합의로 자본의 급격한 유출입에 대한 규제 도입이 용이해졌다. 그러나 실질적으로 그 효과를 보장하는 제도를 단기간에 실천하기가 쉽지 않다. 따라서 앞으로 우리 금융시장이 외국자

본의 유출입 변동에 의해서 휘둘릴 가능성은 여전히 높다고 할 수 있다.

환율 추이를 가늠해볼 때 글로벌 약달러 추세가 계속 전개되고 글로벌 과잉유동성이 신흥 시장국의 하나인 한국 금융시장에 계속 유입된다고 보면 원화의 대외가치는 지속적으로 절상 추세에 놓일 것이다. 이에 따라 수출 산업의 채산성도 상당히 악화될 것이다. 그리고 외국 차금의 꾸준한 유입 때문에 비록 통화 당국이 콜금리를 인상하더라도 국내 시장금리는 하락하는 행태를 보일 것이다.

결국 이상과 같은 관점에서 볼 때 기업들은 앞으로 무엇보다 원화절상과 물가 상승 문제에 본격적인 적응준비를 해야 할 것이다.

● 『월간 경총』, 2010년 12월 호

5

공정사회를 위한 새로운 패러다임을 짜라

2008년 글로벌 경제 위기 이후 선진국의 경제력 약화로 인해 세계경제의 리더십 및 기본 질서체계가 크게 흔들리게 되었다. 국제사회에서는 보호무역주의 및 자국 이기주의(또는 이웃나라 궁핍화 정책)가 강화되고 있다. 동시에 국제적으로 자원 선점 경쟁이 격화되고 있으며 이에 연관되어 원유와 곡물 등 원자재 가격상승 추세로 인해 대외의존도가 유난히 높은 한국경제의 위험도가 높아지고 있다. 또한 신흥시장국으로의 과다한 글로벌 자금유입은 인플레 및 자산거품의 위험성을 유발하고 있다.

대내적으로는 대기업과 중소기업, 수출부문과 내수부문 등 부문 간 양극화가 확대되고 중산층이 감소하는 현상이 구조적으로 심화되고 있다. 한편 산업현장에서는 일자리 감소 추세가 계속되고 있다. 특히 생산기술의 발전 등에 의한 기존 제소업의 일자리 장출기능이 현저히 약화되고 있다. 이러한 양극화와 일자리 감소에 따라 복지 수요가 확대되었으며 이는 국가재정을 취약하게 만드는 위험을 증가시키고 있다. 한편 과다한 가계대출 등 금융부문의 취약성도 적지 않은 난제로 대두되고 있다.

대내외 여건은 한국경제의 안정과 성장, 특히 안정에 심각한 영향을 미칠 수 있으며 우리경제와 사회 질서를 대대적으로 개편하는 새로운 패러다임의 구축을 요구하고 있다. 이 새로운 패러다임의 구축은 다음과 같은 핵심 기초에 그 기반을 두어야 할 것으로 보인다.

먼저 그간의 한국경제 발전의 근간이 되어온 사유재산제도, 법의 지배, 경쟁촉진 등과 같은 시장경제 원칙은 확고히 유지하되 새로운 여건 변화에 맞게 제도적 개선을 적극 도모해나가야 할 것이다. 특히 시대와 여건 변화에 맞게 법 제도를 시의 적절하게 개편하고 나아가서 이를 엄격히 집행해야 경제 거래(실물 및 금융거래)의 공정성과 효율성을 확보할 수 있음을 보다 강조할 필요가 있다.

특히 향후 대외여건은 더 경쟁적이 되고 대내적으로는 부문 간 갈등이 더 심해질 것으로 예상되므로 무엇보다도 일단 설정한 법과 제도를 엄격히 집행되도록 촉구하는 일이 그 어느 때보다도 더 중요하다.

그러나 향후 공정성을 높이기 위하여 법과 규제를 확대할 때 특별히 유의해야 할 사항이 있다. 그것은 과도한 규제와 통제 확대는 '큰 정부'를 유발하여 오히려 민간 활동의 공정성과 효율성을 억압할 수 있다는 점이다. 프리드리히 하이에크Friedrich Hayek 교수가 지적한 바와 같이 정부의 기능 확대나 독점력 강화는 기업의 독점력 강화보다 더 폐해가 크다는 것을 결코 잊어서는 안 될 것이다.

한국경제와 사회는 앞으로 글로벌 금융위기 이후의 대내외적인 여건 변화에 적응하고 나아가서 경쟁력을 확보하기 위해 각 부문에서 대대적인 구조개혁이 필요하다. 이 개혁의 실천과정에서 적절한 공정성 확보가 특히 중시되어야 할 것이다. 특히 이러한 개혁의 실천 과정에는 고통과 반발이 수반될 수밖에 없으므로 공정성 확보는 개혁 추진의 핵심적 동력의 하나가 된다고 볼 수 있다.

이러한 구조개혁 과정에서 경제 분야만이 아니라 정치, 사회분야 등 관련 비경제 분야의 구조개혁이 종합적으로 연계되어 추진되어야 그 개혁의 유효성이 높아질 것이다.

●한국경제학회, '공정한 사회, 새로운 패러다임' 공동학술대회 발표자료,
2011년 3월 17일

6

한국경제 체질개선이 필요하다

미국은 글로벌 금융위기에 빠진 자국 경제와 금융시장을 살리기 위해 지난 2008년 말 1조 7,500억 달러 규모의 양적완화를 단행했다. 더 이상 정책금리를 낮출 수 없는 상황에서 디플레이션에 빠진 미국경제를 살리기 위한 조치였다. 미국의 정책금리가 이미 제로 수준에 도달했기 때문에 시장에 돈을 풀고 돈의 가격을 낮추기 위한 최후의 카드를 꺼낸 것이다.

하지만 미국의 실업률은 여전히 10퍼센트에 달했고 제조업 등 실물경제는 탄력을 받지 못했다. 이에 따라 미 연방준비은행은 2010년 11월 6,000억 달러 규모의 추가 양적완화를 시행했다.

미국경제가 회복하는 조짐을 보이고 있으나 미국의 고용사정과 실물경제가 자생적으로 활기를 찾는 데는 아직도 역부족이다. 따라서 미국의 '양적완화 기조'는 당분간 지속될 것이란 게 일반적인 관측이다.

미국의 이 같은 양적완화 기조는 한국, 중국, 일본 등 동아시아는 물론 호주, 뉴질랜드, 인도네시아 등 환태평양 국가 경제에 중요한 변수로 떠오르고 있다. 특히 대외의존도가 높아 대외충격에 취약한 한국경제의 경우 글로벌 달러 자본 유입에 따른 환율, 채권, 증시 등 금융시장의 변동성이 크게 확대됐다. 특히 최근에 한국경제의 견고한 펀더멘털 속에 대내외 금리차가 확대되자 대외자본들이 물밀듯이 들어왔다. 이에 따라 해외부문 통화증발로 한국의 물가상승 압력은 커지고 있으며 정책금리 인상이 당연시돼 금융시장의 변동성 확대는 계속해서 이어질 것으로 보인다.

문제는 국내로 달러 자금이 과다하게 유입되면 한국경제의 동력인 수출이 경쟁력을 잃을 수 있다는 점이다. 한편 2010년 말 이후 국제 원자재 및 곡물 가격상승으로 제조업이 타격을 받아 경제성장률이 낮아질 위험성도 크다.

자국 경제를 살리기 위한 미국의 양적완화 정책은 한국경제에 상당한 악영향을 미치고 있다. 한국을 비롯한 신흥국들은 이에 대응하기 위해 자본통제 정책이나 외환시장 개입정책을 펼치고 있다. 우리나라는 2010년 6월 은행의 외화차입 억제를 위해 선물환 포지션 규제를 강화했다. 2010년 하반기에는 외국인 채권투자에 대한 과세를 재도입했다. 또한 은행세(거시안정부담금) 도입 계획을 확정했다.

신흥국들과 미국의 입장 차이로 정책적 대립 양상은 앞으로도 지속될 것이며 그에 따른 환율, 금리, 주가의 변동성도 출렁일 게 분명하다. 문제는 앞으로의 대응 전략이다. 미국의 두 번째 양적완화는 2011년 6월 말 종료된다. 미 연방준비은행은 이후에도 양적완화 정책을 지속할 가능성이 높다. 미국의 석학들과 시장에서는 3차 양적완화가 추가로 시행되는 것 아니냐는 의견을 내놓고 있다.

미 연방준비은행이 미국의 경제성장률을 당초 3~3.6퍼센트에서 3.4~3.9퍼센트로 약간 상향 조정했으며 2012년에는 3.5~4.4퍼센트, 2013년은 3.7~4.6퍼센트로 높아질 것으로 전망하는 등 양적완화 정책으로 다소간의 효과를 보고 있기 때문이다.

또 최근 전개되는 중동 사태와 일본 대지진, 포르투갈, 스페인 등 유로지역 국가의 새로운 재정위기 가능성 등 아직 불안한 대외환경을 감안하면 추가 양적완화의 가능성은 더욱 높은 것으로 점쳐진다. 여기에 고용지표가 좀처럼 살아나지 못하고 있는 점도 3차 양적완화 전망에 힘을 실어준다.

앞으로 일본의 양적완화 정책 가능성을 유의할 필요가 있다. 일본정부는 최근의 대지진 이후 거액의 복구자금이 필요하게 됐다. 이미 재정적자 규모가 심각한 일본의 경우 결국 통화증발에 의하여 그 자금의 상당부분을 충당할 수밖에 없을 것이다. 따라서 세계경제는 미국의 양적완화뿐만 아니라 일본의 통화증발의 후유증을 겪게 될 가능성이 높아졌다.

이 경우 인플레이션 우려에 시달리는 여타지역 신흥국가들에게는 심각한 문제가 아닐 수 없다. 신흥국은 과잉유동성에 따른 버블 형성과 인플레 압력에 대응하기 위해 금리를 높이고 공공서비스 요금 가격을 낮추는 등의 미시대책과 거시대책을 병행하고 있다. 러시아, 인도 등은 농수산물의 수출을 제한하고 수입 규제를 푸는 등의 과감한 정책도 시행하고 있다.

앞서 지적했듯이 한국경제는 대외변동성에 유별나게 민감하다. 미국과 일본의 양적완화에 따라 원화의 상대적 강세가 더 크게 나타날 가능성이 높아졌다. 결국 이러한 상황은 우리경제 성장에 구조적 변화를 요구하는 것으로 보아야 한다.

물가를 잡기 위해 정부가 대책을 잇달아 내놓고 있지만 우리나라의 경우 물가변동이 여타 선진국들에 비해 크다. 따라서 환율 등 대외 문제가 국내 경제에 미치는 영향을 줄이고 이에 적응하기 위해 우리경제의 주요 부문의 체질 개선 노력이 필요하다. 지금부터라도 우리경제의 기업·금융·노동·공공 부문에서 고비용—저효율 요인을 척결해나가는 구조혁신 대책들을 적극 시행해야 한다.

이러한 각 부문의 구조혁신과 함께 한국경제의 거시안정성제고를 위해 수출산업과 내수산업의 균형 확대추진에 박차를 가해야 한다. 또한 한국경제의 큰 잠재리스크인 과도한 가계부채의 관리에도 적극 나서야 한다. 또한 녹색산업, IT산업 등 신산업의 육성을 통한 한국경제의 미래성장엔진 확보가 더 이상 지체되어서도 안 될 것이다.

● 『아주경제신문』, 글로벌금융포럼 강연자료, 2011년 3월 30일

7
.

물가 급등의 근원을 차단하라

유가 등 국제 원자재와 농수산물이 가격상승을 주도하면서 물가 수준이 급등세를 보이고 있다. 그간 소비자물가는 2000년대에 와서 비교적 장기간 평균 2퍼센트대의 안정세를 유지했다. 그러나 2010년 9월 이후 소비자물가 상승률은 3퍼센트 후반으로 증가하다가 2011년 1분기에 와서 4퍼센트 후반으로 다시 뛰었다.

물가급등의 핵심적 역할을 하는 국제유가(두바이유)는 1년 전에 비하여 38퍼센트 이상이 올랐고 이에 따라 국내 휘발유 가격도 고공행진을 이어가고 있다.

농산물은 2010년 10월 이후 가격이 하락하고 있으나 전반적인 작황 부진으로 평년보다 높은 수준에서 가격이 형성되고 있다. 수산물 가격도 어획량 감소 등의 영향으로 강세가 지속되고 있다. 옥수수, 원당 등 국제 곡물과 국내산 콩 등의 가격상승으로 가공식품의

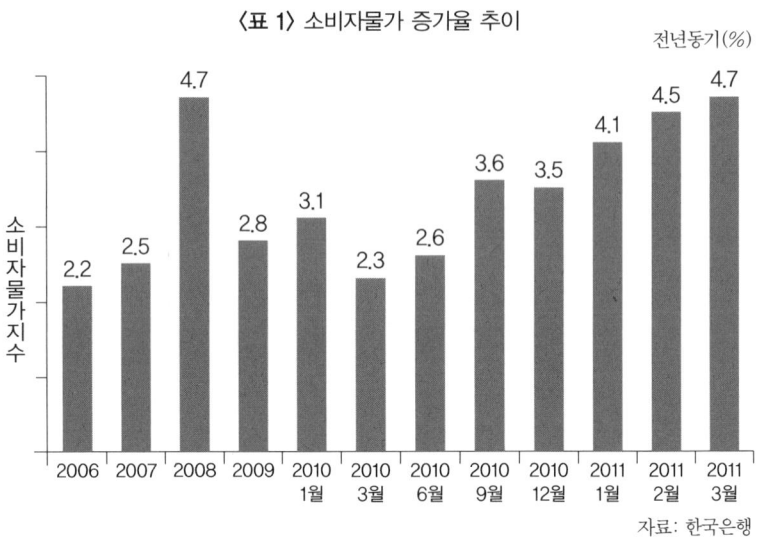

〈표 1〉 소비자물가 증가율 추이

전년동기(%)

자료: 한국은행

〈표 2〉 국제 유가 상승의 최근 추이

	2011년 1월 11일	2011년 2월 11일	2011년 3월 11일	2011년 4월 11일	1년 전 대비
• 국제유가(두바이유, $/B)	91.8	97.9	108.3	111.1	38.6%↑
• 휘발유(원/ℓ)	1,823	1,848	1934	1970	15.5%↑
• LPG(원/ℓ)	1,068	1,069	1,069	1,069	11.6%↑

자료: 기획재정부

가격인상 역시 확산되고 있다.

　전세값은 집값 안정추세에 따른 전세선호 현상 등으로 예년에 비해 높은 상승세가 지속되고 있다. 이러한 상승세는 결국 소비자물가 상승에 상당한 영향을 미치고 있다.

　그리고 세계 기상여건 악화 등의 영향으로 옥수수와 밀 등 국제 곡물 가격도 2010년 하반기부터 높은 상승세를 보이고 있다. 파급

시차를 고려할 때 이러한 곡물 가격상승은 앞으로 가공식품 등의 물가상승 압력으로 작용할 것으로 보인다.

더 우려되는 것은 국제유가와 국제곡물 가격 강세는 향후에도 계속될 가능성이 높다는 사실이다. 특히 최근 중동과 북아프리카의 산유국에 전개되고 있는 정변 사태, 세계경기 회복, 글로벌 유동성 확대진행 등으로 국제유가는 앞으로 더 강세를 나타낼 것이라는 것이 대다수 전문가들의 전망이다.

〈표 3〉 국제 곡물 가격의 추이

	2010년 11월	2010년 12월	2011년 1월 11일	2011년 2월 11일	2011년 3월 11일	2011년 4월 1일	1년 전 대비
옥수수(센트/부셸)	592	615	607	707	659	736	113.6% ↑
밀(센트/부셸)	775	797	760	867	695	760	67.0% ↑

자료: 기획재정부

또한 원유나 곡물 외 기타 주요 국제 원자재의 가격상승세도 지속될 것으로 예상된다. 중국 등 신흥국에서의 높은 성장세 및 내수시장 확대 등에 따라 세계 원자재 수요는 계속 증가하고 있다. 구리 · 주석 등 일부 품목에 있어서는 공급부족이 우려되며 달러 약세 등 외적 요인이 가세하여 이 원자재들의 가격은 품목별로 10~30퍼센트의 범위로 상승할 것으로 예상된다(비철금속 기준).

그리고 2010년의 작황 부진에 따른 국내 농산물 공급물량의 감소로 2011년 2/4분기까지는 농산물 가격 강세가 어느 정도 지속될 것으로 보인다. 공공요금은 유가상승 등으로 심한 원가상승 압박을 받을 수밖에 없다. 2010년 이후의 경기회복 국면과 재료비, 인건비 등 원가상승 등의 영향으로 서비스요금의 인상 압력도 높아지고 있다.

경기회복에 따른 민간부문의 지출증가, 풍부한 국내 유동성, 재정지출의 확대, 수출의 증가 등에 기인하여 국민경제의 총수요도 어느 정도 확대되는 상태이다.

〈표 4〉 2011년 비철금속 가격 전망(연평균 가격 기준)

(단위: US$/t)

품목	상승률(2010년 대비 2011년)
알루미늄	9.4%
구리	16.8%
납	14.7%
니켈	7.8%
주석	36.3%
아연	10.9%

자료: Barclays, JP Morgan 등 6개 투자은행 전망치 종합(조달청자료 재인용)

물가 문제의 의의와 중요성

근년에 와서 한국경제는 주요 부문간(예컨대 수출산업과 내수산업, 대기업과 중소기업 등) 양극화 심화라는 풀기 어려운 난제에 봉착하고 있다. 이러한 상황에서의 물가 급등은 국민 경제에 큰 부담과 불안을 일으킬 수 있다. 특히 우리경제의 저성장 부문(내수 중소기업, 영세 상인, 서민 등)은 상당히 고통스러운 스태그플레이션(침체 속의 고물가) 현상을 체감할 수 있을 것이다.

그간 한국경제는 정책 당국의 느슨한 통화관리 등으로 장기간의 과잉유동성 상태가 지속된 것이 사실이다. 또한 2008년의 글로벌 금융위기 이후 우리나라에서도 통화팽창 정책이 집행되었고 보다 최근에는 외국인의 국내 주식 및 채권 투자확대에 따라 해외의 과잉 유동성이 국내시장에 많이 유입되고 있다.

이러한 경과의 전개는 국내통화의 과다공급을 조장해왔고 나아가서 이는 시장에서 앞으로 통화가치가 하락할 것이라는 심리, 즉 인플레이션 기대 심리를 키우고 있는 실정이다. 그리고 최근 전개되고 있는 차이나 인플레이션 등 주요 신흥국에서의 강한 물가상승세도 이러한 기대심리 확산에 가세하고 있다. 통화 당국인 한국은행이 추정한 기대 인플레이션은 2010년 12월에는 3.3퍼센트에서 2011년 3월에는 3.9퍼센트로 상향조정되었다.

현재 우리경제가 직면하고 있는 물가급등이라는 불씨는 그냥 불씨가 아니고 주변에 가연성 물질이 많이 있는 상태, 즉 높은 물가상승 기대심리가 확산되고 있는 상태에서 갖게 된 상당히 위험한 불씨라고 볼 수 있다.

특히 향후 실제 물가상승폭의 추가적인 확대와 함께 이러한 심리의 악화는 금융자산에서 실물자산으로의 이동을 가속화시켜 새로운 자산거품을 만들 국면을 초래할 가능성도 있다. 그러므로 정책 당국은 어느 때보다도 물가상승 억제에 적극적으로 나서야 할 것이다. 특히 물가안정은 초기 대응이 중요하므로 당국은 2011년 상반기 중에는 물가안정을 성장률 등 다른 여타 정책 목표들보다 우선해야 할 것이다.

정부 대책의 주요내용

최근 정부는 물가상승이 큰 폭으로 나타난 이후 그 파장이 심상치 않다는 것을 감지하고 2011년 1월 민생물가안정 종합대책을 발표하는 등 물가안정을 위해 전방위적으로 관련 조처를 취하고 있다.

먼저 정부는 국제 원자재 가격 등 상승 영향을 완화하기 위하여 관세인하에 나서고 있다. 그리고 공공 및 민간의 물가안정 노력을 유도하기 위한 재정·세제상 인센티브를 강화하는 방안을 강구하고 있다. 또한 최근 물가 불안의 주원인인 농산물, 공공요금, 석유제품 등록금 등에 대해서는 품목별 및 담당부처별 대응책을 마련하고 있다.

한편 공공요금은 원칙적으로 동결하는 방향으로 유도하고 지방물가와 학교 등록금의 안정화를 적극 지도하기로 했다. 또한 담합,

편법 인상 등 불공정 행위에 대해서는 강력히 대응할 것을 선언하였고 수급안정, 유통구조 개선 등 구조적 대책도 빠른 시일 내 수립하여 추진할 것을 약속했다.

그리고 현장밀착형 물가안정 노력을 강화하기 위해 정부합동 비상물가대응체제를 구축하고 관계 부처가 합동으로 매주 주요 품목별 동향점검 및 대응책을 마련하기로 했다. 그리고 부처별로 소관품목에 대해 민관합동 협의체를 운영하고 현장점검을 통해 수급 및 가격동향과 불안요인을 매주 점검하고 나아가서 각 부처 소관 품목에 대한 물가관리 실적을 정부업무평가의 핵심지표로 반영하는 등 물가관리의 책임성 제고도 챙기고 있다.

한편 통화 당국인 한국은행은 2011년 1월과 3월에 이상과 같은 정부의 총공급 대응책과 연계하여 0.25퍼센트 포인트씩 두 차례의 기준금리인상을 단행하여 총수요 억제를 도모했다.

물가 정책의 운용 방향

최근의 물가상승은 총수요측보다 총공급측 요인이 주도적 역할을 한 것이 분명하다. 정책 당국도 이러한 인식에 근거하여 공급측면의 물가대응에 주안점을 두고 유효할 수 있는 제반 대책을 거의 총망라하여 강구하고 있다.

그러나 당국은 현재까지 종래에 자주 동원되었던 품목별 직·간접 가격통제방식에 너무 치중하고 있다. 물론 공급측 요인에 의하여 주도되는 물가급등에는 시장의 질서교란 방지와 수급불안심리의 안정을 위해 행정지도와 규제를 어느 정도 강화할 필요가 있지만 이러한 대증적 대응의 효과는 한정적이며 그것은 결국 시장왜곡과 억압을 초래하여 상당한 역기능을 유발할 가능성이 높다.

따라서 정책 당국은 무엇보다도 제도 개편과 구조혁신 실행에 역점을 두어 국민경제 공급측면의 효율화를 추구하여 물가상승과 물가 불안 심리를 안정화해나가야 할 것이다.

수입품 중 서민생활 관련 품목 및 국제 곡물 등은 앞으로도 상당 기간 상승 추이를 보일 것으로 예상된다. 따라서 이러한 물품의 가격 안정과 경쟁 촉진을 위해 정부는 단편적인 관세 인하에 그치지 말고 제시되고 있는 현행 관세율 체계의 제도적 개편을 조속히 추진할 필요가 있다. 그리고 중소기업의 안정적 조업 지원과 시장의 수급불안완화를 위해 국가원자재 조달시스템을 구조적으로 개선하는 방안을 강구하여 시행해야 한다.

불공정 거래 억제와 경쟁 확대를 위해서는 현행 제도를 보다 엄격히 시행하는 한편 새 경제환경에 적응하는 제도적 개선도 본격적으로 이루어져야 한다. 그리고 원가인상 요인의 자체적 흡수를 확대할 수 있는 주요 공공기관의 대대적인 경영 혁신에도 박차를 가해야 할 것이다. 그리고 주요 생활용품 및 상품의 유통구조에 대한 대대적인 개선방안 역시 조기에 확정하여 이를 실천하여야 할 것이다.

이상에서 언급한 제도적 혁신에 의한 공급측면의 효율성제고 노력과 병행하여 정부가 꼭 역점을 두고 추진해야 할 사항이 있다. 그

것은 바로 불가피한 해외 상승 요인(원자재, 곡물, 석유 등의 국제 가격 상승)에 의한 최근과 같은 물가급등에 있어서는 기업이윤의 축소, 임금 동결 내지 하향조정, 생산성 향상 등 원가의 절감을 통하여 그 해외요인이 대내적으로 공평하게 최대한 흡수되고 나아가서 고통분담의 공감대가 사회적으로 형성되도록 적극 유도하는 일이다.

이 일을 하기 위해서는 정부 당국은 먼저 당면 물가급등에 있어서의 해외요인의 역할과 물가안정화의 중요성에 대한 경제 주체들의 충분한 이해와 협조를 이끌어내야 한다. 한편 비싼 원유 등 수입 원자재의 소비를 절약할 것을 호소하는 대국민 캠페인도 계속 강화해야 한다. 그리고 정부도 예산절감, 감세 등을 통해 물가안정을 위한 고통분담에 선도적으로 참여해야 할 것이다.

물론 이상과 같은 공급 측면에서의 대응 외에 수요 측면에서 적절히 대처해야 할 사항도 적지 않다. 먼저 물가안정을 위한 거시정책의 적정정책조합policy mix을 모색하고 강화할 필요가 있다. 정부는 물가상승의 총수요측면을 효율적으로 관리하기 위해서 주요 거시정책수단(통화, 재정, 환율정책 등)의 적절한 역할분담을 설정하고 조정하는 역량을 제고해야 한다.

물가안정을 위한 정책금리 조정에는 특히 신중할 필요가 있다. 유감스럽게도 현재 우리경제는 정책금리 인상에 의하여 얻을 수 있는 통상적인 효과를 쉽게 기대하기가 어려운 상태에 있다.

정책금리 인상은 통상적으로 두 가지 전달경로를 통하여 그 정책효과를 발휘한다.

첫 번째 경로는 정책금리(초단기 금리)인상→시장금리(중장기 금리)상승→총수요 감소→물가안정이다.

두 번째 경로는 정책금리(초단기 금리)인상→유동성 총량 감소→총수요 감소→물가안정이라고 할 수 있다.

그러나 우리 시장에서는 그간 당국이 정책금리를 조정하더라도 시장 금리는 거의 영향을 받지 않거나 경우에 따라서는 반대로 반응하는 행태를 빈번이 보였다. 그리고 정책금리의 조정이 유동성 총량에 미치는 효과도 불분명하게 나타난다는 것이 그간의 경험이다.

현재 우리나라에서의 금리정책 수단은 개방구조의 특성과 과도한 가계부채의 존재에 의해 그 유용성이 또한 제약받고 있다. 앞서 지적한 바와 같이 우리경제에 있어서는 최근 외국단기 자본의 유입 확대가 계속되어 부담스러운 상태에 있다. 이러한 상태에서의 정책금리의 인상은 원화절상과 금리상승 기대를 부추겨 외국자본 유입을 다시 촉진시킬 수 있고 이는 추가적인 원화절상이나 한국은행이 발행하는 통화안정증권 공급의 증가 또는 본원통화 공급의 증가를 초래할 수 있다. 특히 통화안정증권의 추가적인 공급물량이 클 경우 이는 다시 시장금리 인상과 이에 따른 새로운 외국자본 유입으로 이어져 우리경제에서의 금리나 환율을 왜곡시키는 악순환을 불러올 가능성이 있다.

그간 한국경제에서는 가계 부채가 단기간에 급증해왔고 상당히 과다한 상태에 이르고 있다는 사실*도 금리정책의 운신의 폭을 크게 좁히고 있다. 지금과 같이 개인부문의 부재가 과나한 상태에 있는 경우 정책금리의 성급한 인상은 가중한 가계부담 증가와 상당한 금융부실 위험을 유발할 가능성이 높기 때문이다.

이상의 관점에서 볼 때 앞으로 통화 당국은 정책금리에만 의존하는 기존의 정책운용 방식에서 탈피하여 최근 주요 선진국들이 채택하고 있는 금리와 총 유동성 변수를 같이 중시하는 2원 지주two-pillar 전략을 원용하는 것을 적극 고려할 필요가 있다.

정책 당국은 물가 및 인플레이션 기대심리의 안정을 위해 유동성 총량 관리를 이전보다 더 엄격히 할 필요가 있다. 유동성감축을 위한 필요한 조처는 분명하게 공시되는 것이 바람직할 것이다. 상대적으로 강한 공시 효과와 유동성축소 효과를 발휘하는 필요지급준비율의 인상도 경우에 따라 고려되어야 한다.

물론 통화안정증권 발행 확대나 필요지급준비율 인상과 같은 유동성축소 조치는 상당한 미시적 비용부담과 부작용을 초래할 수 있다. 그러나 정책 당국은 이러한 부담과 부작용을 물가와 인플레이션 기대심리 안정을 이루기 위한 비용으로 간주하고 우리경제 운용의 종합적인 관점에서 가장 적절하고 효율적인 유동성축소 방안을 부단히 강구하여 실행해야 한다.

외환 당국은 앞으로도 시장환율이 실물경제기초와 크게 괴리되거나 과도하게 변동될 때는 이전과 같이 적절한 안정화 조치를 취해야 할 것이다. 그러나 당면한 물가안정의 중요성을 고려하여 원화절

---

* 2010년 말 가처분소득 대비 가계 부채의 비율은 153퍼센트에 달한다.

상이 지나치게 이루어지지 않는 한 이전보다 정책적 개입을 축소시켜 시장에 의한 환율변동 폭을 점진적으로 확대해나갈 필요가 있다.

그리고 재정운용에 있어서도 총수요 관리차원에서 물가상승 추이를 감안하여 향후 재정지출 시기와 규모를 탄력적으로 재조정하여 집행하는 것이 요청된다.

끝으로 정책 당국은 물가안정을 위한 공급측 대책이든 수요측 대책이든 모두 그 정책을 집행하는 과정에서 시장의 신뢰를 중시해야 한다는 것을 지적하고자 한다. 다른 정책의 경우도 마찬가지이지만 물가정책에 있어서는 정책 일관성 유지가 특히 중요하다. 물가문제는 심리적 요소가 크다. 정책 당국은 정책의 일관성을 유지하지 못하게 되면 결코 시장 신뢰를 확보하지 못할 것이다. 시장 신뢰를 얻지 못할 경우 그 정책의 효과는 크게 줄어들 뿐만 아니라 때로는 그것을 시행하지 않은 것이 나을 수 있다.

향후 예정되어 있는 국회의원 및 대통령 선거 등 정치 일정을 감안하면 이익집단의 압력이나 정치권의 포퓰리즘populism은 갈수록 거세질 가능성이 높다. 따라서 정책 당국은 이러한 비경제적 압력이나 주장이 정책의 일관성을 저해하지 못하도록 특별히 경계하고 대비해야 할 것이다.

●한국경제학회, 『경제포럼』, 2011년 봄

8

만성적인 과잉유동성 대책이 시급하다

1990년대 이래 세계 각국에서 경험한 크고 작은 금융 불안과 금융위기로 인해 중앙은행의 금융안정에 대한 역할이 재조명되고 있다. 이런 가운데 경제 내 유동성이 적절히 통제되지 않으면 물가안정은 물론 금융안정이라는 목표를 달성하기 어렵다는 데는 이견이 없는 듯하다.

중앙은행의 유동성 통제력 약화는 결국 자산 가격상승과 인플레이션으로 이어진다는 것이 각국의 역사적 경험이다. 따라서 중앙은행은 유동성 통제력을 확실히 확보하고 이에 대한 시장의 신뢰성을 얻기 위해 최선을 다해야 할 것이다.

그러나 우리나라의 중앙은행은 그간 상당기간 유동성 통제력에 있어 심각한 제약을 받고 있으며 시장의 신뢰확보에도 상당한 어려움에 처해 있다. 한국은행은 최근 들어 콜금리를 몇 차례 인상한 바 있지만 통화량은 오히려 증가하는 추이를 보이고 있다.

그리고 그간 한국은행의 수지도 빈번하게 적자를 나타내고 있다. 적자 규모는 2005년 1조 8,771억, 2006년 1조 7,598억 원으로 2조 원에 육박하는 높은 수준을 유지하다가 2007년에는 환율 상승 등에 힘입어 4,447억 원 수준으로 줄어들었다.* 그리고 2008년에는 글로벌 금융위기의 여파로 적자 행진은 중단되었지만 2009년 이후에는 상당한 규모로 수지 적자의 추세가 이어질 것으로 예상된다. 이러한 적자 지속은 중앙은행 신뢰성 저하는 물론 독립성 훼손에 대한 우려를 자아내고 있다. 앞으로 한국은행이 적립금을 다 써버리고 정부 예산지원에 의존할 가능성도 있다.

한국은행이 당면하고 있는 유동성 통제력 약화와 중앙은행 수지 적자 문제는 일시적 현상이기보다는 구조적 문제로서 독특한 유동성 관리 방식과 밀접하게 연관되어 있다.

대개 선진국의 경우 중앙은행은 주로 RP환매조건부채권 혹은 단기 재정증권 거래를 통해 (단기)유동성을 공급하거나 회수하는 방식을 취한다. 우리나라의 유동성 관리 방식은 유별나다. 한국은행은 주로 비非통화성 부채인 통화안정증권을 대규모로 직접 발행하여 국외부문에서 공급된 유동성을 조절(거의 대부분 흡수)하는 형태를 취하고

---

* 2007년도에 적자 규모가 줄어든 것은 다음과 같은 이유 때문이다. 첫째, 원화절상을 대폭 허용하여 통화채 추가 발행의 필요성이 줄어들었기 때문이다. 둘째 미국 등이 기준금리를 대폭 인하하여 한국은행 보유의 채권가격이 상승하여 채권보유의 자본이득capital gain이 증가하였기 때문이다.

있다.

2010년 12월 말 기준 통화안정증권 잔액은 163조 5,384억 원이다.(〈표 1〉 참조) 이 잔액에 외평기금채권과 환매국채 매도를 합한 통화채의 잔고는 169조 7,228억 원이 된다. 통화안정증권의 잔액은 그간 대체로 증가일로 추세를 보이고 있다. 특히 2000년대에 와서 증가 추세가 높아져 2006년 말 158조 3,900억에 이르렀다. 그러나 2007년에는 글로벌 금융위기에 따른 국외부문 통화방출 축소로 그 잔액은 각각 126조 9,372억 원으로 상당폭 줄어들었다.

그러나 금융위기의 파장이 잦아든 2008년과 2009년부터는 표에서 나타나는 바와 같이 통화안정증권의 잔액은 다시 크게 증가되어 2010년 12월 말에는 본원통화 잔액의 2.2배가 되는 거액에 이르게 되었고 앞으로도 이 증가 추세는 계속될 것으로 보인다.

대규모의 통화채 잔액을 지속적으로 유지하게 된 주요 배경은 국외부문에서 과도하게 방출되는 유동성의 회수에 있다. 그러나 이처럼 확대일로에 있는 거액의 통화채는 정책 당국의 유동성 통제력 약화와 이에 따른 인플레 기대심리 확대, 금리왜곡, 중앙은행 수지적자 확대에 따른 정책 신뢰성의 약화 등 심각한 부작용을 야기하고 있다.

여기에서는 우리나라 중앙은행의 통화채 발행과 보유에 의한 유동성 통제 방식의 문제점을 살펴보고 그 대응방향을 논의하고자 한다. 통화 당국의 자산과 부채의 관리 행태와 그 주요 배경을 살펴보고 통화채에 의존한 유동성관리 방식이 야기하는 주요 문제점을 살펴보자. 그다음 향후 정책 과제와 대응방안을 단기와 장기로 나누어 제시해보고자 한다.

통화 당국 대차대조표의 관리구조와 통화채의 역할

통화정책의 수행내용은 통화 당국의 대차대조표에 나타난다. 통화 당국의 자산은 크게 외화 자산과 국내통화 표시 자산으로 구성되며 부채는 본원통화 등으로 구성된다. 우리나라 통화 당국의 대차대조표 자산 부문을 보면 금융개방 이후(특히 1997년의 IMF 외환위기 이후) 매입한 외화자산이 크게 늘어났다.

한편 대차대조표의 부채를 보면 한국은행이 통화정책 수단으로 활용하는 자체 발행증권인 통화안정증권의 비중이 크게 높다. 이는 한국은행이 외화매입 과정에서 과도하게 공급된 유동성을 통화안정증권을 통해 흡수했기 때문이다. 한편 경우에 따라서는 본원통화를 새로 공급하지 않고 통화안정증권 발행으로 먼저 자금을 조성하고 이렇게 조성한 자금을 외환 매입자금으로 사용하는 경우도 있다.

구체적으로 본원통화의 공급구조와 관리구조는 다음과 같다. 과다한 본원통화의 방출이 그동안 이어져왔고 이는 결국 통화 당국으로 하여금 사후적으로 대규모의 통화환수 작업에 임하지 않을 수 없게 했다.* 즉 통화 당국은 통화안정증권, 외국환평형기금채권, 환매채매도 등 통화 당국의 비통화성 채권발행을 통하거나 정부의 중앙은행 예금증가에 의존하여 통화환수를 수행했다.

〈표 1〉은 최근의 본원통화 공급 구조 추이를 나타내고 있다. 가장 최근의 통계에 의거하면 한국은행 대출과 국외부문(외화예탁 포함)을 통하여 본원통화의 과다방출이 주도되고 있는데 2010년 12월 말 기준 그 방출 규모가 321조 6,272억 원에 달하고 있다.** 이 금액은 해당시점의 본원통화 잔액(74조 5,457억)의 4.3배에 육박한다. 이 금액 중 특히 IMF 외환위기 이후 우리경제의 본격적인 개방화에 따라 국외부문이 압도적으로 많다.

이러한 과다통화 방출은 169조 7,228억 원에 달하는 통화 당국의 비통화성 부채, 즉 통화채 발행을 수반하게 되었고 또한 거액의 대 중앙은행 정부예금 잔고를 유지하게 되었다. 〈표 1〉에서 제시되는 바와 같이 그간 이러한 과다한 통화 공급 및 환수행태는 계속 반복되어 왔으며 앞으로도 획기적인 조치가 이루어지지 않으면 계속될 수밖에 없다.

특히 우리나라에서는 본원통화의 과다한 방출이 수십 년 동안 구조적으로 진행되어 왔다. 이러한 과다한 통화방출의 구조는 고도성장 추진 이후 1980년대 하반기까지 정부의 주된 정책적인 금융지원

---

* 나는 다른 연구에서 시도한 반응함수의 추정결과를 통해 통화 당국이 국외부문, 정부부문, 한국은행 대출부문을 통한 통화 확대에 대하여 통화채의 추가적인 발행으로 체계적으로 대응해왔다는 것을 실증적으로 뒷받침했다.

** 2006년과 같은 특정시기에서는 기타부문에서 순자산 규모가 크게 늘어나고 있는데 이는 한국은행 보유의 국외자산의 평가손이 증가된 것이 그 배경이다. 예컨대 2006년도 말 국외자산 규모는 그 시점의 환율에다 국외자산(외화표시)을 곱한 값이 되는데 그 시점의 환율이 절상되어 실제 중앙은행이 그간 지불했던 원화방출이 국외자산 항목에 표시된 금액보다 많게 된다. 즉 국외자산 항목이 과소 계상되는 문제를 야기한다. 이러한 과소계상을 바로잡기 위해 기타부문에서 조정이 이루어지게 된다.

<표 1> 부문별 본원통화 공급내역

항목명	1986~1995년 (기간중평균)	1996~2000년 (기간중평균)	2001~2005년 (기간중평균)	
중앙정부부문	-2,960.40	-3,013.66	-15,999.70	
대출금	211.9	645.78	1212.50	
국채	1,043.10	3,889.30	3676.56	
정부예금(-)	2,874.70	7,548.42	20,888.74	
금융부문	4,330.60	-13,539.94	-119,415.28	
대출금	11,953.30	9,794.46	8616.58	
외화예탁금	14,809.00	28,299.28	2382.86	
통화안정증권 발행(-)	17,730.70	42,408.26	110,832.06	
(통안증권 발행/본원통화)	(1.10)	(1.69)	(2.86)	
외평기금채권 발행(-)	1,345.70	4,645.66	16,945.04	
환매채 매도(-)	2,312.50	4,292.16	2395.60	
부실채권정리기금채 매입	0.00	400	1028.56	
국외부문	11,931.20	53,083.70	168,630.48	
(국외부문 / 본원통화)	(0.74)	(2.11)	(4.36)	
기타부문	2,217.40	-14,153.78	4,579.90	
본원통화	16,086.20	25,148.34	38,720.40	
화폐발행액	9,419.40	17,455.62	18,454.70	
지준예치	6,666.80	6,096.08	20,265.68	

수단으로 활용된 중앙은행 대출(수출금융 등)의 확대, 그리고 그 이후에는 국외부문을 통한 통화방출의 증가가 그 핵심 배경으로 유지되었다.

무엇보다도 IMF 외환위기 이후 급속한 개방화, 특히 외국자본 유입 일변도의 비대칭적 개방화가 이루어졌다. 이러한 과정에서 외국자본의 과도한 유입은 원화의 과도한 절상 압력으로 작용하였고 이에 대응해서 징책 딩국은 거액의 외화를 매입하여 지속적인 외환

2006년	2007년	2008년	2009년	2010년
-57,527.50	-84,503.60	-87,616.50	-87,616.50	-96,424.80
1,005.70	1,115.70	1,115.70	1,115.70	6,115.70
7,896.30	10,635.50	11,248.10	12,670.10	14,075.50
66,429.50	96,254.90	94,062.60	101,402.30	116,616.00
-160,771.30	-148,483.20	-117,670.90	-149,779.20	-167,056.30
9,367.60	6,409.10	21,121.90	13,102.40	11,157.40
128.8	127.7	172.4	221.2	213.5
158,390.00	150,340.00	126,937.20	149,169.80	163,087.10
(3.05)	(2.67)	(1.96)	(2.20)	(2.31)
8,100.00	3,000.00	0.00	0.00	0.00
2,800.00	0.00	5,130.60	11,705.90	13,234.30
142.8	142.8	142.8	0.00	0.00
216,305.40	241,085.80	227,908.00	299,062.70	324,334.10
(4.17)	(4.27)	(3.51)	(4.41)	(4.59)
53,862.90	48,300.00	36,307.90	6,112.10	9,856
51,869.50	56,399.00	64,864.30	67,779.10	70,709.10
21,636.10	22,039.50	23,437.20	29,205.90	31,258.20
30,233.40	34,359.50	41,409.10	38,573.20	39,450.90

자료: 한국은행, 「통화금융」, 각호

보유액 확대에 기여했다. 그 결과 국외부문에서의 통화증발은 계속 늘어났고 이에 대응한 통화환수 규모도 크게 불어났다.

중앙은행의 정책금융공여나 외환시장 개입으로 인해 본원 통화 방출이 확대될 때 유동성을 흡수하는 방식은 주체에 따라 크게 두 가지 방식으로 나누어진다. 첫 번째는 정부가 국채를 발행하여 재정 부담으로 시중 유동성을 흡수하는 것이다. 두 번째는 중앙은행이 자체 채권을 발행하여 유동성을 흡수하는 것이다.

우리나라에서 국채 대신 중앙은행이 발행한 채권을 발행하여 유동성을 관리하는 배경으로는 국채 발행을 위해서는 사전적으로 국회 동의를 받아야 하는 등 절차가 복잡하나 통화안정증권 경우 발행한도가 금융통화위원회에서 정하도록 하고 있어 비교적 쉽게 발행될 수 있다는 점을 들 수 있다.*

통화채에 의한 유동성 통제의 문제점

이상과 같이 필요한 본원통화보다 몇 배가 많은 본원통화를 방출하고 이를 새로운 채권발행에 의존하여 대규모로 회수하는 통화 당국의 행태는 그간 금융기관과 금융시장뿐만 아니라 실물경제에도 여러 가지 심각한 폐해를 유발했다.

우선 거시 경제적으로 이러한 통화 공급 및 관리구조는 통화증가율의 중장기적인 확대로 연결되어 왔으며 이에 따라 인플레와 인플레 기대심리의 증폭, 나아가서 명목금리의 상승에 중요한 역할을 했다. 통화채는 대개 그 만기가 단기이며 그에 대한 이자율도 시장금리에 준하는 높은 수준이므로 거액의 통화채 잔액은 그 자체가 미래의 통화증발로 연결될 가능성이 높다. 물론 만기가 된 통화채의 원금과 이자를 새로운 통화채 발행에 의한 차환借換으로 대응할 수 있다.

사실 그간 통화 당국은 이러한 차환으로 통화증발에 미봉적으로

---

* 우리나라 이외에 중앙은행이 발행하는 채권을 크게 활용하는 국가로는 선진국 중에는 없고 멕시코, 폴란드, 칠레, 인도네시아 등 개발도상국이다.

대응한 경우가 많았는데 그 결과는 당연히 통화채의 가속적인 확대였다. 그렇지만 통화 당국은 민간의 경제 주체들이 이러한 차환에 의한 통화채의 관리가 끝없이 이루어질 수 있으리라고 믿게 할 수도 없을 것이다.

경제 주체들은 언젠가는 이러한 과정이 한계에 달하여 결국은 상당 수준의 추가적인 통화증발과 이에 따른 인플레로 귀결될 가능성이 높다는 인식을 갖게 될 것이다.

통화채 발행의 지속적인 확대는 후술하는 바와 같이 금리 상승 가능성을 높이고 이러한 금리상승을 막기 위해 통화량 증가를 용인하게 되고 이는 다시 과잉유동성과 인플레 기대 심리의 상승을 심화시키는 결과를 부추겼다고 볼 수 있다.

여기에서 통화 당국의 중화sterilization정책 집행에 있어 부실 가능성을 지적할 필요가 있다. 수출기업 지원 등의 정책목표를 위해 과도한 통화가 방출되며 이를 중화시키기 위하여 충분한 통화 환수가 뒤따라야 하는데 통화 환수비용의 증가 문제 등 때문에 불충분한 환수로 귀결될 가능성이 높다. 이 경우 과잉유동성과 이에 따른 인플레 및 자산거품이라는 비용이 발생해 불특정 다수에게 피해를 주게 된다.

통화환수를 위한 거액의 통화채 발행은 단기적으로 채권시장에 있어서의 공급물량의 과잉을 초래할 수 있다. 그간 충분히 심화되지 못한 한국 채권시장에 있어서 거액의 지속적인 채권 공급물량은 채권가격의 하락 그리고 이에 의한 시장금리의 상승이나 왜곡을 유발하는 중요한 요인으로 작용했다.*

개방체제하에서 해외 단기자금은 이러한 상황을 더욱 악화시킬 가능성을 높인다. 특히 원화절상의 큰 추세에 편승하여 금리수익과 환차익을 겨냥한 단기 외국자금의 유입이 확대될 경우 이것은 원화절상을 추가적으로 유도하여 이에 따른 외환보유액 증가→원화증발→통화채 증가→시장금리 상승→다시 단기 외국자금 유입을 야기하는 악순환을 유발할 수 있다.

통화채에 의존한 현행 통화관리방식은 통화정책 당국이 통화방출의 원천적인 경로에서 통제하기보다는 사후적으로 방출된 통화에 대한 환수 위주로 유동성을 관리하는 형태이다. 환수를 위해 발행한 거액의 통화안정증권에 대한 이자지급을 통해 통화 당국은 상당한 규모의 유동성을 자동적으로 공급해야 하는 구조에 처하게 된다.

그간에는 주로 정책금융의 공여에 의하거나 해외자산의 취득에 의하여 본원통화의 방출이 이루어졌다. 이러한 대출자산이나 해외자산의 취득 및 보유로 중앙은행이 받게 되는 금리나 수익은 비교적 낮은 반면 중앙은행이 거액의 통화환수를 위해 발행한 통화채의 금리는 시장금리 수준의 높은 금리가 적용되어 왔다.

---

* 통화채는 1990년대 초기 이전까지는 은행이나 제2금융권의 금융기관에 할당되어 타율적으로 인수되는 경우가 대부분이었는데 이 경우 이들 금융기관은 편중적인 자금운영 문제에 처하게 된다. 특히 회사채의 인수를 주 업무로 하고 있는 금융기관(특히 종금사)들은 통화채의 인수에 따른 자금부족으로 민간 기업이 발행한 회사채를 충분히 소화시킬 수 없게 되어 결과적으로 민간기업의 심각한 자금조달 난, 즉 회사채의 구축효과를 야기하는 경우가 많았다.

그 결과 과도한 통화 방출과 환수를 병행하고 있는 한국은행은 수지면에 있어서 상당한 적자를 경험하지 않을 수 없었다. 특히 1982년 이후 빈번하게 보고되고 있는 한국은행의 적자는 중앙은행의 공신력 저하를 우려할 정도이다.

중앙은행의 유동성 통제력 약화와 이에 따른 정책 신뢰성 저하는 통화금융정책의 유효성을 떨어뜨리며* 중앙은행이 발행한 화폐의 가치에 근원적인 믿음을 훼손시켜 금융과 경제에 큰 불안을 조성하게 될 것이다.

고도성장 중에는 수출금융을 지원하기 위해 한국은행의 대출이 지속적으로 증가했다. 그리고 개방화 이후 수출기업의 경쟁력 유지와 외환시장 안정을 위한 대규모의 중앙은행 외화매입은 그간 통화채와 유동성의 과다방출과 함께 시장금리 왜곡, 중앙은행 신뢰성 하락 등 상당한 폐해를 가져왔다.

향후 주요 정책 과제와 대응방향

현재 당국은 한국은행 기준금리 등 초단기금리를 기준금리로 삼아 통화정책을 집행하고 있다. 실물경제와 연결되는 금리는 중장기금리(예컨대 3년 만기 국고채금리)일 것이다. 그런데 초단기금리와 이

---

* 중앙은행이 신뢰성이 저하되면 민간의 물가상승 기대치를 목표 물가에 고정시킴으로써 단기 명목 금리의 조절이 실질 금리에 바로 반영되도록 하는 것을 어렵게 한다. 그래서 통화정책이 실물경제에 미치는 통화정책의 영향이 줄어들게 된다.

러한 금리는 안정적 관계를 유지하고 있다고 볼 수 없다.

앞서 지적한 바와 같이 2005년 하반기 이후 몇 차례 걸쳐 기준금리를 인상한 경험이 있지만 대부분의 경우 시장금리는 정책 당국의 의도대로 움직이지 않고 있다. 광의통화나 유동성은 오히려 증가되고 중장기금리는 하락하는 양상을 보였다. 기대설expectation theory에 따라 중장기금리는 현재의 단기금리와 미래의 단기금리와의 단순평균이라고 가정할 때 그간 통화 당국은 미래의 단기금리에 큰 영향을 미치지 못했다는 것을 뜻한다.

통화 당국은 금리를 변동시키기 위해 그 정책수단으로 유동성을 조절해야 한다. 그런데 한국의 통화 당국은 앞에서 언급한 대로 시중 유동성을 조절하는 데 있어 큰 제약을 받고 있다는 것을 알 수 있었다.

결국 현재의 여건하에서는 통화정책이나 금리정책의 선제성은 엄밀한 의미에서 찾을 수 없다고 볼 수 있다. 그간 통화 당국은 상황 전개에 있어 주도적인 역할을 할 수 없었고 상황변화(주로 실물부문 지원)에 따른 뒤처리에 매달릴 수밖에 없는 어려운 처지에 처했다.

근본적으로는 중앙은행이 정상적으로 상황 주도적인 정책을 수행하기 위해서는 일면 거액의 통화방출, 일면 거액의 통화환수 구조에서 벗어나야 할 것이다. 이 구조는 오랫동안에 걸쳐 형성되어 왔고 또한 우리경제의 기본구조와도 연결되어 있어 그것을 단시일 내 변경하기는 쉽지 않다. 그러나 이제 우리는 이러한 비정상적인 구조를 변화시키는 데 최선의 노력을 기울여야 할 것이다.

이하에서는 단편적이나마 단기와 중장기로 나누어 관련 주요정책과제와 대응방안을 모색해보기로 한다.

단기과제

유동성의 일면 방출, 일면 환수의 구조에 벗어나기 위해 가장 먼저 해야 할 일은 방출되는 본원통화의 최소화일 것이다. 이를 위해 먼저 중앙은행 대출 창구에 의한 정책금융 공급(총액 한도)을 최대한 억제해야 하며 또한 국외부문을 통한 통화증발을 최소화해야 할 것이다.

앞서 지적한 바와 같이 통화 당국이 일면 거액의 통화방출, 일면 거액의 통화환수에 급급함에 따라 기준금리 중심의 통화 정책이 미래의 관련 단기금리에 미치는 영향이 미미하게 되고 이에 따라 실질적으로 실물경제에 관련된 시장금리에 매우 한정적으로 영향을 미치는 것이 현실이다. 따라서 이와 같은 우리나라의 특수한 상황을 고려할 때 정책 당국은 전체 유동성의 변동행태를 보다 더 중요하게 다루어야 할 필요가 있다.

물론 우리나라 금융여건하에서도 금융시장 통합과 금융혁신의 급격한 전개로 인해 통화자산 보유행태(혹은 통화유통속도)가 불확실하게 된 것은 사실이다. 그렇지만 이런 상황에서도 통화 공급 자산이 과도하게 증가되고 또한 통화 당국이 이러한 자산의 공급관리에 큰 어려움을 갖게 되는 경우 통화자산 총량변수는 금리변수 못지않게 물가나 실물경기를 예측할 때 중요한 정보를 주는 지표로 간주하는 것이 타당할 것이다.

우리가 봉착하고 있는 비정상적 통화관리와 같은 문제가 없는 국가들(EU 등)에서도 인플레의 위협에 대응하여 금리 이외에 통화총량의 독립적인 역할을 강조하는 2원 지주two-pillar 전략을 채택하는 실정이다. 그리고 최근 학계에서는 통화량 증가가 인플레에 중요한 정보를 제공하고 있다고 주장하는 연구가 최근 다수 발표되고 있다.

장기간에 걸친 저금리로 인한 유동성 확대가 금융기관의 대출 완화로 이어진 최근 미국의 서브프라임 사태와 대규모 금융위기 발발 원인의 하나로 작용했다는 점도 유동성 변수의 정책적 중요성을 간접적으로 뒷받침하는 것이라고 볼 수 있다.

우리나라의 경우 정책 당국이 외환시장 개입에 따른 본원통화의 방출을 충분히 환수하지 않아 외환시장 개입이 유동성 증가로 이어지는 결과가 종종 있었다. 특히 2002년과 2003년에 중화가 크게 못 미치면서 최근의 과잉유동성에 큰 불씨가 되었다. 따라서 중화정책을 수행할 시에는 비록 중화에 따른 비용이 부담되더라도 충분한 중화가 이루어지는 철저한 정책집행이 이루어져야 한다.

향후 외화의 취득이나 매각에 따라 중화정책을 수행할 시에는 그 중화는 기본적으로 재정활동이라는 점에서 통화안정증권 발행에 의존하기보다는 외국환 평형기금의 역할 등을 확대하여 그 비용을 재정에서 부담하는 방향으로 운용하는 것이 바람직하다. 그리고 이 과정에서 변동된 외환보유액은 재정을 조달한 정부가 그 관리의 권한과 책임을 직접적으로 갖도록 하는 것이 좋을 것이다.

한편 통화정책의 투명성은 수단의 투명성, 목적의 투명성, 수행의 투명성으로 나누어진다. 과거 중앙은행은 폐쇄적인 기관이었으나 장기적으로 중앙은행은 국민의 지지가 없이는 역할을 수행하기가 불가능하기 때문에 비밀주의는 중앙은행의 독립성을 저해할 수 있다.

각국의 중앙은행은 통화정책의 투명성을 제고하기 위해 노력하고 있다. 투명성 제고는 단순히 정보공개에 그치는 것이 아니라 정보 교류를 통해 중앙은행 정책에 대한 민간 부문의 이해를 높이는 것을 의미한다.

우리나라의 경우 과거보다 나아졌지만 중앙은행의 민간부문과의 교류는 아직 부족하다. 중앙은행의 의지 및 정책능력에 대한 평판을 제고하기 위해서는 중앙은행은 민간부문과의 교류를 통해 민간부문이 느끼는 불확실성을 줄이는 역할을 해야 한다. 그리고 한국은행 보유의 국외자산 운용에 대한 사후적인 정보 공개를 확대하는 것이 바람직할 것으로 판단된다.

통화 당국은 거액의 통화채 관리의 효율성을 높이는 노력을 소홀이 해서는 안 될 것이다. 우선적으로 통화안정증권의 만기를 늘리는 것을 고려할 필요가 있다. 최근까지 발행된 통화채는 대부분 2년 미만의 단기채인데 시장에서 3년 만기 채권에 대한 수요가 많다는 점 등을 감안하여 통화안정증권을 장기 통화채의 형태로 전환시킬 필요가 있다. 이러한 조처는 민간의 인플레 기대심리를 완화시키고 정체되어 있는 장기채시장의 육성에도 얼마간 기여할 수 있다.

그리고 유동성 환수 수단으로 RP 매각을 보다 적극적으로 활용하여 유동성을 흡수하는 것을 고려할 수 있다. 만약 현재의 통안채 잔고를 일정 수준에 그대로 유지한 채 RP 거래를 활용하여 유동성을 환수하면 민간 금융기관과 중앙은행의 RP 거래 잔고를 살펴봄으로써 중앙은행의 정책기조를 보다 용이하게 파악할 수 있게 된다. 이러한 경우 RP 시장이 활성화되어 대표적인 단기금융시장이 확보된다.

지금까지 한국은행은 주로 통화안정증권 발행과 RP 매매를 통해 본원통화를 환수했다. 앞으로 은행권과의 스와프거래를 보다 활성화하여 본원통화의 환수를 다양화할 필요가 있다. 통화 스와프를 하게 되면 거래량만큼 한국은행의 외환보유액이 줄어들면서 대신 시중의 유동성을 환수하는 효과를 얻을 수 있어 통화안정증권 발행의 필요성이 줄어든다.

일시적으로 금융기관의 외화 유동성 압박을 받고 있는 상황에서는 통화 스와프는 금융기관의 기업에 대한 외화 유동성 공급 능력을 향상시켜 금융시장 안정에도 중요하게 기여할 수 있다.

한국은행은 재정적 안정을 확보하기 위해 보유자산의 건전성을 유지해야 한다. 현재 한국은행은 외환자산 보유에 따른 가격 변동 리스크, 최종대부자 기능 수행에 따른 자본 손실 위험 등에 노출되어 있어 리스크를 관리할 수 있는 역량을 계속 확충해야 한다.

중장기과제

그간의 우리 금융시장 개방은 외국자본의 국내 유입 확대에 초점을 맞추고 진행되어 왔다. 외화는 들어오면 또 나가야 하는데 우리의 경우 외화가 일방적으로 들어오기만 하고 투자처를 찾아나가지 않는 쏠림 현상이 빚어졌다. 일방향unidirectional 개방화는 앞서 지적한 과도한 국외부문 통화방출 그리고 이에 따른 우리경제의 과잉유동성 문제의 근본 원인으로 작용했다.

다행히 정부는 다소 늦긴 했지만 양방향bidirectional 개방화의 중요성을 깨닫고 내국인의 해외 투자 및 특히 금융기관의 해외 진출 활성화를 위한 제도적 뒷받침을 시도하고 있다. 하지만 그 실행에 더 박차를 가하고 해외 투자 활성화를 위한 보다 적극적이고 다각적인 지원이 필요하다. 아울러 국내 민간부문의 외화보유에 대한 유인을 다시 강화하는 것도 필요하다.

우리 금융구조를 양방향 구조로 개편하는 데 있어 일부 시행착오와 부작용이 나타날 수도 있다. 그러나 우리의 현재 상황이 금융구조를 양방향 구조로 개편하는 것을 미룸으로써 발생하게 되는 과잉유동성의 부정적 여파가 초기의 해외투자에서의 시행착오에 의한 손실을 크게 능가하리라고 생각된다. 금융시장의 양방향 개방구조로의 전환 등으로 국외부문을 통해 방출되는 본원통화 규모를 최대한 억제하여 통화정책이 보다 능동적으로 그리고 정상적으로 운영될 수 있는 여건을 조성하는 것이 필요하다.

내국인이 외국인과 비슷하게 글로벌 투자를 활발하게 할 수 있는 양방향 개방체제가 구축되기까지는 상당한 시간이 걸릴 것이다. 따라서 정책 당국은 외국자금의 과다유출입에 대한 다양한 대응방안을 적극 마련해나가야 한다.

그중에 가장 중요한 방안의 하나가 외국자금의 유출입 변동성 자체를 줄이는 적절한 직접규제일 것이다. 2010년 6월에 도입한 선물환 매도에 따른 단기외화차입 규제조처가 이러한 취지에서 도입되었는데 앞으로 이와 같은 규제 장치가 보다 확대되어야 한다. 결국 정부는 최근 브라질에서 도입한 토빈Tobin세나 대만에서 시행하고 있는 외국인 투자자의 신규예금제한제도와 같은 정책 테두리에서 우리 여건에 맞는 보다 본격적이고 적절한 외국자본 규제안을 강구해야 할 것이다. 마침 이번에 겪은 글로벌 금융위기로 과도한 외국자본 유출입에 대한 규제와 관리의 필요성에 대한 국제사회의 공감대가 아직 유지되고 있어 이러한 규제를 시행하기에는 적기라고 볼 수 있다.

거액의 통화채발행은 중앙은행 대출창구나 해외부문으로부터 공급된 과잉유동성을 흡수하는 과정에서 이루어졌다. 그러므로 통화채는 경제정책 수행의 결과로 지니게 된 국가채무로서의 성격을 갖고 있기 때문에 이에 따른 비용을 점차적으로 재정수지에 직접 반영하는 방안을 검토할 필요가 있다.*

이와 같은 관점에서 먼저 단계적으로 통화안정증권을 국채로 전환하는 방법을 고려해볼 수 있다. 중앙은행이 채권을 발행하여 국외

---

* 뉴질랜드, 캐나다, 영국 등 주요 인플레이션 타게팅 국가들의 경우 정부가 외환보유액의 보유주체로서 외환보유액의 관리비용을 부담하고 있다.

부문으로부터의 유동성을 흡수하는 경우 채권의 조달비용과 외화자산 운용수익의 차이로 인해 미래에 본원통화 공급확대 가능성과 중앙은행 신뢰저하를 피할 수 없다.

통화안정증권을 국채로 전환하기 위해서는 우선 만기가 돌아오는 통화안정증권을 국채 발행을 통해 점진적으로 대체하는 방식을 고려해볼 수 있다. 금융시장과 통화정책 운용에 주는 충격을 최소화한다는 점에서 점진적으로 대체하는 방식이 바람직하다고 할 수 있다. 그리고 외화관리 비용을 정부가 재정으로 부담하게 되면 정부가 외환보유액의 관리책임을 갖는 것이 당연할 것이다.

우리나라의 중요한 거시 정책수단인 금리정책은 실질적으로 거의 무력화되고 있다. 실물경제와 밀접한 관련을 갖는 시장금리도 당국의 단기금리정책에 거의 반응하지 않거나 반대방향으로 움직이는 경우가 자주 나타나고 있다. 그리고 우리나라 중앙은행은 그간 빈번하게 큰 폭의 수지 적자를 시현하고 있다. 이는 중앙은행에 대한 개인과 시장의 신뢰를 크게 훼손시킨다.

고도성장 중에는 수출금융을 지원하기 위한 한국은행 대출의 과다한 증가 그리고 개방화 이후에 수출기업의 가격경쟁력과 외환시장 안정을 위한 중앙은행의 거액 외화매입으로 인해 한국은행의 유동성 통제력 약화와 인플레심리 확대 그리고 이에 따른 금융 불안과 왜곡을 유발해왔다. 결국 우리경제는 장기간에 걸쳐 실물산업의 안정과 성장 그리고 대외균형을 위해 금융부문의 안정화를 희생시키는 측면을 갖게 되었다.

그간 과다한 통화방출을 수습하기 위해 발행한 통화채 잔고는 우리경제에 유통되는 본원통화의 2~3배에 달하는 거액이다. 이러한 거액의 통화환수가 장기간 계속되었지만 그간 유동성은 넘쳐나고 있었다.

이러한 상황에서 당국이 먼저 유의해야 할 일은 원천적으로 방출되는 본원통화를 최소화하는 일일 것이다. 이를 위하여 먼저 중앙은행 대출 창구에 의한 정책금융 공급(총액 한도)을 가능한 한 억제시켜야 하며 또한 외환시장 개입을 외국 투기자금의 과다한 유출입 등 불가피한 경우를 제외하고 최대한 자제해야 한다.

그리고 불가피하게 외환시장에 개입하게 되는 경우에도 그간 유동성 과잉이 계속되는 점을 감안하여 중화中和정책을 수행할 시에는 비록 중화에 따른 비용이 부담되더라도 충분한 중화가 이루어지도록 철저한 정책관리가 요구된다.

한국은행은 은행권과의 외환보유액 스와프 거래를 보다 활성화하여 본원통화 환수를 다양화할 필요가 있다. 통화 스와프를 하게 되면 거래량만큼 한국은행의 외환보유액이 줄어들면서 대신 시중의 유동성을 환수하는 효과를 얻을 수 있어 통화안정증권 발행의 필요성이 줄어든다.

앞으로 통화총량 혹은 총유동성 변수를 인플레와 자산거품에 대한 중요한 정보를 제공하는 변수로 보다 더 활용할 필요가 있다. 만성적인 과잉유동성 문제가 깊게 자리 잡고 있는 우리의 상황에서는

특히 다른 선진국과 같이 금리와 유동성 변수를 같이 중시하는 2원
지주 전략이 더 큰 의미를 가진다고 볼 수 있다.

그간의 우리 금융시장 개방은 외국자본의 국내 유입 확대에 초점
을 맞추고 진행되어 왔다. 외화는 들어오면 또 나가야 하는데 우리
의 경우 외화가 일방적으로 들어오기만 하고 투자처를 찾아 대외적
으로 나가지 않는 유입일변도 쏠림 현상이 빚어져왔다. 일방향 개방
화는 앞서 지적한 과도한 국외부문 통화방출 그리고 이에 따른 우리
경제의 과잉유동성 문제의 근본 원인으로 작용했다.

정부는 내국인이나 내국기업의 해외투자를 촉진하기 위해 보다
적극적으로 나서야 한다. 물론 이런 대외진출정책이 묻지 마 투자
등에 의한 부실 투자 등 일부 시행착오와 부작용을 유발할 수 있지
만 국가적으로 그 편익이 그 비용보다 더 크다고 생각된다.

그러나 내국인의 대외투자 경험과 실력이 축척되어 양방향 개방
체제가 어느 정도 구축되기까지는 시간이 걸릴 것이다. 과도적으로
정책 당국이 토빈세 등과 같은 외국자금의 과다유출입에 대한 적절
한 직접규제의 도입을 적극 강구해나가 외환시장 안정과 국내 유동
성 통제의 효율화를 도모해야 할 필요가 있다.

앞으로 한국경제가 직면하고 있는 만성적인 과잉유동성 가능성
을 줄이기 위해서는 중앙은행이 본연의 업무인 유동성 관리에만 전
념하도록 통화채를 단계적으로 국채로 전환하는 등 관련 제도 개편
도 본격적으로 강구할 필요가 있다.

● 국제금융연구, 2011년 3월

제2장
위기 반복에서 벗어나는 길

1

·

자본의 급격한 유출입을 막아라

정부는 2010년 6월 선물환 매도에 따른 과도한 단기 외화 차입을 규제하는 조처를 발표했다. 1997년 외환위기 이후 금융시장 개방이 급하게 이뤄지면서 크고 작은 부작용이 있었지만 개방 자체를 역행하는 것은 금기시하는 분위기가 지배적이었다. 따라서 이번 정부 조처는 개방의 틀에 변화를 준다는 점에서 의미가 크다.

결론부터 말하면 이번 정책은 우리경제 안정화를 위한 시의적절한 결단이다. 그러나 이는 주로 선물환 거래에 부수된 외화 차입을 억제하는 데 한정하고 있다.

그동안 우리경제에서 단기 자본 유출입 변동 요인으로 선물환 관련 외화 차입도 큰 역할을 했지만 외국인 채권과 주식투자 등 선물환 이외의 외화 차입이 더 비중 있는 역할을 해온 것은 주지의 사실이다. 그런 만큼 정책 당국은 이들 요인의 변동을 완화하는 종합적

방안을 강구해야 할 것이다.

2010년 7월 중순 내한한 도미니크 스트로스칸 IMF 총재는 외화 차입규제 조처의 필요성을 한정적으로 인정하면서도 기본적으로는 부정적인 견해를 표명했다. 대표적인 국제기구 수장의 발언이 우리 정부에 상당한 압력으로 작용하지 않을까 염려된다.

그러나 정부는 이런 압력에 영향을 받지 말고 심각한 부담을 주는 자본 유출입의 과도한 변동을 억제하는 장치를 구축해야 한다. 이러한 제도 구축은 가까운 미래에 실행되지 않으면 다시 실행 시기를 찾기가 힘들 것이다. 글로벌 금융위기를 계기로 자본 유출입 규제의 필요성에 대한 국제적 공감대가 아직 유지되고 있다. 그렇지만 시간이 흐르면 이 공감대는 약해질 것이고 금융업 분야에서 비교우위에 있는 국가들은 규제 도입에 대한 반대 목소리를 높일 것이 분명하다.

한국경제는 그동안 외국자본의 급격한 유출입으로 1997년 외환위기와 2008년 글로벌 금융위기를 맞아 큰 비용을 치렀다. 문제는 앞으로 이와 유사한 위기를 반복해 겪을 가능성이 높다는 것이다.

이번 글로벌 금융위기 대응과정에서 각국이 채택한 저금리 정책으로 전 세계 유동성은 크게 불어났다. 과다한 유동성은 장기 침체 기미를 보이는 유럽 등 선진국과 달리 높은 성장세를 보이는 한국 등 아시아 신흥시장 국가에 쏠려 앞으로 새로운 거품을 일으킬 가능성이 높다. 최근 우리 금융시장에는 거액의 단기 외국자본이 지나치게 난기산에 유입되는 실정이나. 우리경제는 무역의존도와 금융개방도가 높아서 단기 자본 유출입 변동에 다른 부작용이 다른 나라보다 훨씬 크게 나타날 수 있다는 것을 항상 유념해야 한다.

외국자본의 쏠림이 확대된다면 정부의 대응수단은 점차 제한받게 된다는 측면도 유의해야 한다. 단기 자본의 과다 유입이 계속되면 정부는 환율 왜곡을 막기 위해 외환보유액을 늘릴 것이다. 이 과정에서 통화채 공급이 확대되며 이는 시장금리 상승을 초래하고 다시 새로운 자본유입을 야기하는 심각한 악순환에 봉착할 수 있다.

향후 경제 정책 당국이 고심해야 할 핵심과제 중 하나가 바로 자본 유출입의 과도한 변동 행태를 어떻게 적절하게 규제하느냐는 것이다. 결국 정부는 우리 실정에 맞는 적절한 외국자본 규제안을 강구해야 할 것이다. 최근 브라질에서 도입한 토빈세나 대만에서 시행하기로 한 외국인 투자자의 신규예금 제한제도와 같은 정책이 대안이 될 수 있다.

물론 국제적으로 힘을 합쳐 이러한 규제를 도입하는 것이 바람직하겠지만 기대하기는 현실적으로 어렵다. 따라서 정부는 국제 사회에 이런 규제 도입의 당위성을 이해시키는 노력을 적극적으로 해나가야 한다. 향후 단기 자본 쏠림 문제에 직면할 가능성이 높은 아시아 신흥시장 국가들 간 협력을 강화해 지역적으로나마 자본 규제의 국제적 공조를 모색하는 노력도 필요하다.

●『매일경제』, 2010년 7월 30일

2

•

위기 반복 방지를 위해 우선해야 할 일

1997년 외환위기와 2008년의 글로벌 금융위기 시 한국경제는 통제할 수 없는 과도한 외국자본의 유출입 변동에 휘둘려서 국가부도의 벼랑 끝에 몰렸다. 높은 무역의존도와 금융개방도를 가진 한국경제는 앞으로도 이러한 위기에 다시 직면할 가능성이 높다. 정책 당국은 2010년 들어 본격적으로 이러한 위기 재발 대비에 나서고 있다.

정책 당국은 2010년 6월에 선물환 포지션 규제를 도입했고 보다 최근에는 외국인 채권투자 과세 환원을 결정했다. 2010년 12월 중순에는 은행들이 일으키는 비예금 외화부채의 과도한 증가를 억제하기 위해서 그 부채 잔액에 대해 일정 비율의 부담금을 부과하는 계획을 발표했다.

이 계획을 발표한 시점은 연평도 포격훈련과 관련한 북한의 선쟁

위협 속에서 우리 국민은 물론 전 세계가 불안에 휩쓸려 있을 때였다. 통상적으로 당국은 고도로 불안한 상황에서는 우리경제의 개방 신뢰도를 저하시킬 것을 우려하여 이러한 발표를 미룬다. 그러나 정부는 이 조처는 반드시 취해야 할 사안이라고 보고 머뭇거리지 않고 실행했다. 시장에 주는 위기 재발 방지에 대한 당국의 단호한 의지 표현이라고 할 수 있다.

이번 부담금 도입 방안의 구체적 내용은 확정되지 않았지만 단기 외화부채는 높은 부담금을 적용하고 장기인 경우에는 낮은 부담금을 적용하는 차등 요율을 고려하고 있다. 그리고 부과 요율은 독일 프랑스 등 외국의 부과 수준에 준하여 0.05퍼센트 내지 0.2퍼센트를 상정하고 있다.

핫머니를 우선적으로 억제해야 한다는 점에서 차등 요율제는 바람직하다. 그러나 우리나라보다 무역의존도나 금융개방도가 낮은 독일이나 프랑스보다는 높은 요율을 책정하는 것이 합당하다. 개별 은행의 외화 차입 증가율이 일정 수준 이상이 될 때는 보다 높은 요율을 부과하는 차등 방식도 고려할 필요가 있다.

다른 나라보다도 높은 규제를 가하는 것이 부담은 되지만 과도한 단기 외국자본의 유출입에 의해 11년 사이에 두 번씩이나 심각한 위기를 겪게 된 한국경제의 특수성을 국제적으로 이해시키는 것은 크게 어려운 일이 아닐 것이다. 특히 G20 정상회의 성과에 힘입어 외국자본 유출입의 적절한 통제 필요성에 대한 국제적 공감대가 형성되고 있어 더욱 그렇다.

이미 도입한 선물환 포지션 규제와 함께 이번의 부담금 부과 방안은 과도한 은행외채를 억제하는 데 중요한 역할을 할 것으로 기대된다. 그러나 지나친 외국자본의 국내 유입은 금융회사 차입의 형태뿐만 아니라 채권이나 주식 같은 증권투자 형태도 많다. 따라서 이러한 증권투자의 쏠림 행태에 대한 적절한 대응책을 앞으로 더 모색해야 한다. 이미 시행하기로 한 외국인 채권 과세 환원만으로는 단기 증권투자자금의 과도한 유입을 관리하기가 어렵다.

외국자금의 과도한 유입보다 더 큰 폐해를 초래하는 것이 급격하게 전개되는 외국자금의 유출이다. 이에 대한 대비를 더 강화해야 한다. 경상수지 흑자의 확대나 장기 외국자본 유입 증가에 비례하여 앞으로 정부의 외환보유액을 착실히 축적해야 한다.

한편 국내 기업이나 개인의 외화 보유도 확대해야 한다. 은행들로 하여금 외화 차입 규모를 줄이고 국내뿐만 아니라 해외에서도 각종 외화예금을 더욱 늘려나가도록 유도해야 한다. 특히 외화가 싸질 때 매입하고 외화가 비싸질 때 매각을 유도하는 구조를 가진 외화예금이나 외화펀드가 활성화될 수 있도록 세제 인센티브를 과도적으로 부여하는 것도 고려할 필요가 있다.

이러한 외화상품 보유 확대는 은행 건전성과 국제업무능력 제고 그리고 나아가서 환율 안정화에 기여할 수 있다. 따라서 이번에 부담금 부과로 얻어지는 재원 중 일부를 이러한 인센티브 재원으로 사용하는 것도 깊이 생각해볼 만하다.

● 『매일경제』, 2010년 12월 24일

3

환율 안정화를 적극 도모하라

2008년 글로벌 금융위기 당시 급격하게 평가절하되던 원화가 2009년 이후에는 다시 큰 폭으로 절상되고 있다. 특히 2010년 들어 달러에 대한 원화가치는 더욱 가파른 절상 추세를 보이고 있다.

물론 이런 원화 절상도 수입업자와 내수업자들에게 혜택을 주고 물가안정에도 도움이 되는 등 긍정적인 측면이 있다. 더구나 최근 국제 금융시장에선 중국 위안화 절상에 대한 미국의 본격적인 압박, 일본의 공개적인 대규모 외환시장 개입 등으로 환율전쟁 분위기가 연출되고 있다. 이런 상황을 고려하면 G20 정상회의 의장국인 한국은 시장 개입을 통한 원화 절상 억제에 나서지 않는 것이 무난하다고 볼 수 있다.

가파른 원화 절상 때문에 우리경제가 감수해야 할 부정적 효과와 리스크를 우려하지 않을 수 없다. 한국경제는 그동안 꾸준한 수출

증가와 더불어 빠른 경기 회복 속도를 보였지만 앞으로도 그런 추세를 유지할 수 있을지는 불투명하다. 최근 발표에 따르면 경기선행지수뿐 아니라 경기동행지수도 하락세를 보이고 있다.

그동안 정부는 내수산업을 키우기 위해 노력해왔지만 그 성과는 아직 미미하다. 따라서 현재 우리경제는 여전히 수출산업에 크게 의존할 수밖에 없다. 이런 상태에서 원화가 급격하게 절상되면 실물시장과 금융시장 간에 디커플링*이 확대되어 여러 가지 난제를 일으킬 수 있다.

여기서 우리가 가장 유의해야 할 사항은 최근 원화 절상 압력의 핵심적인 원인이 외국인 단기자금의 과다 유입에 있다는 점이다. 외국인은 2010년 들어 9월까지 12조 원 이상의 국내 주식과 56조 8,000억 원에 달하는 국내 상장채권을 순매수했다. 그리고 외국인이 2009년 이후 순매수한 국내 상장채권 규모는 총 110조 원을 상회한다.

주지하는 바와 같이 글로벌 금융위기 수습과정에서 각국에서 많은 유동성이 풀렸다. 이런 세계 과잉유동성의 상당 부분이 비교적 높은 회복세를 보이는 우리나라와 같은 특정 신흥시장국에 쏠리는 군집 행태herd behavior가 나타나고 있다. 따라서 이런 성격의 쏠림이 야기하는 환율변동 압력을 그대로 수용하는 것은 결코 적절하다고 할 수 없다.

---

* 국가와 국가, 또한 한 국가와 세계의 경기 등이 같은 흐름을 보이지 않고 탈동조화되는 현상.

자금의 유입 쏠림은 다시 유출 쏠림으로 전환될 수 있다. 그러므로 정책 당국은 유출 쏠림 시를 대비해 과도하게 유입되는 외화를 어느 정도 매입해 보유할 필요가 있다. 물론 당국의 외화매입 확대는 상당한 재정 부담과 시장금리 왜곡 등 부작용도 일으킬 수 있지만 이를 소국小國개방경제small open economy의 안정화 비용으로 받아들여야 한다.

정부는 향후 외환정책의 기본 방향을 보다 분명히 할 필요가 있다. 즉 경상수지나 중장기 자본수지의 변화에 따른 환율변동 요인은 대부분 수용하지만 단기자금의 과다 유출입에 따른 환율변동은 적절한 시장개입에 의해 이를 안정화해 나간다는 것을 기본원칙으로 삼을 필요가 있다.

마침 이번에 겪은 글로벌 금융위기로 과도한 외국자본 유출입에 대한 규제와 관리 필요성에 대한 국제사회의 공감대가 아직 유지되고 있다. 따라서 한 국가가 과도한 단기자본 유출입에 대응해 환율 안정화를 적극 도모하더라도 다른 국가들이 환율조작국이라고 쉽게 비난하지는 못할 것이다.

정책 당국은 외환시장 개입을 최소화하는 노력을 소홀히 해서는 안 된다. 특히 당국은 원화 절상 때는 민간의 외화 보유가 확대되고 원화 절하 때는 민간의 외화 보유가 줄어들도록 유도하는 제도적 방안을 강구할 필요가 있다. 이런 형태의 민간 외화자산 보유는 정부의 외환시장 개입 부담을 줄일 수 있을 것이다.

한편 외국자금의 유출입 변동성 자체를 줄이는 적절한 제도 구축도 계속돼야 한다. 특히 2010년 6월에 도입한 선물환 매도에 따른 단기외화차입 규제조치와 같은 장치를 확대해 실시할 필요가 있다.

● 『매일경제』, 2010년 10월 8일

4

•

민간 외환보유액을 활성화하라

2008년 글로벌 금융위기로 급격하게 유출되었던 외국인 자금은 2009년 들어 다시 단기간에 사상 최대 순유입을 기록했다. 그해 12월 11일까지 유가증권 시장에서 외국인들은 그간의 연간 최고 금액의 2배가 넘는 31조 6,068억 원을 순매수했다.

한편 외국인들은 그간 주식 투자뿐만 아니라 채권 투자도 크게 확대했다. 따라서 주식과 채권을 합친 외국인의 순매수 규모는 2009년에는 50조 원을 상회할 것으로 추정된다. 외국인들이 우리나라 주식이나 채권을 많이 매입하여 주가가 오르고 이에 따라 국내 기업들의 시장가치가 상승하는 것은 우리경제의 대외신인도 제고, 부의 효과에 의한 소비 증대 등 여러 가지 긍정적인 효과를 낳는다.

특히 글로벌 금융위기의 여파로 아직 시장에서의 불확실성과 불안 요소가 많은 여건하에서는 지속적인 외국자금 유입의 중요성은 더 크다.

그러나 아무리 좋은 것이라도 부작용이 있게 마련이다. 외국자금 유입도 그렇다. 무엇보다도 먼저 최근의 외국자금 유입은 너무 단기간에 이루어졌다는 것에 유의할 필요가 있다.

수입 감소와 수출 호조로 큰 폭의 경상수지 흑자가 전개되는 가운데 외국자금 유입에 의한 대규모의 자본수지 흑자는 원화가치의 급상승 압력으로 작용할 수밖에 없다.

이에 따라 그간 정부 당국은 대규모의 외화매입에 나서게 되었다. 정부의 외환보유액은 2009년 초 이후 10개월 동안 700억 달러 이상이 증가했으며 2009년 말에는 사상 최고 수준을 훨씬 넘는 2,800억 달러에 이를 것으로 보인다.

물론 정부 당국의 외환보유액 증가도 우리경제의 대외 신인도 개선에 기여를 한다. 그러나 이러한 외환보유액의 증가 과정에서 당국은 외화 취득 시 사용할 자금을 마련하기 위해 정부 채권(통화안정증권 등)을 발행할 수밖에 없다. 이에 따라 최근 10개월 사이에 약 50조 원을 상회하는 거액의 통화조절용 채권(통화채)을 새로 발행했다.

그러나 대규모 외화유입에 기인한 통화채의 급증은 국내 채권시장의 금리를 상승시켜 다시 새로운 외화유입을 촉발시키게 된다. 이러한 순환과정이 계속되면 경제운용에 가장 중요한 정책 수단인 금리와 환율 정책이 거의 무력화되는 심각한 상황에 도달할 수도 있다. 그리고 외환보유액의 증대는 정부 재정에도 큰 부담을 주게 된다. 왜냐하면 외환보유액의 운용수익(국제금리)은 대개의 경우 외화보유를 위한 자금조달비용(국내국채금리)보다 훨씬 낮기 때문이다.

정책 당국은 이제 과도한 외자유입과 이와 연관된 외환보유액 급증에 따른 부작용을 줄이는 방안을 획기적으로 강구해야 할 시점에 이르렀다. 무엇보다도 먼저 당국은 이제 공적인 외환보유액에만 너무 의존하지 말고 민간의 외환보유액 확대에 따른 외환, 금융시장의 안정화도 적극 모색해야 한다.

민간 경제 주체들이 외환 당국의 시장개입과 같은 방향으로 원화가 크게 절상할 시에 외화를 매입하고 원화가 크게 절하할 시에는 외화를 매도하는 외화 예금이나 해외 펀드를 전면적으로 확대할 필요가 있다. 이러한 민간의 외환보유액 확대는 통화채 발행, 금리상승 압력, 재정부담 등의 문제를 피하고 환율의 안정화에 기여할 수 있다.

민간 외화보유의 활성화를 위해서는 외화예금이나 해외펀드 상품에 대하여 조세감면을 포함한 적극적인 정책적 지원이 요구된다. 물론 이는 내국인들이 외국인들과 같은 국제금융투자 경험과 능력에 어느 정도 도달할 때까지 한시적으로 필요하다.

최근 정책 당국은 세원확보 등의 이유로 해외펀드 투자에 대한 기존의 세제지원을 2009년 12월에 일괄 폐지하기로 한 방침을 발표했다. 이러한 방침은 여기서 제기한 우리경제의 거시적 문제를 제대로 고려하지 못한 것으로 전면적으로 재고되어야 한다.

● 『디지털타임스』, 2009년 12월 17일

5

금융시장을 양방향 개방구조로 바꾸자

2007년 우리경제와 금융시장에 큰 먹구름이 몰려오고 있다. 이른바 신新3고(원화 강세, 고유가, 고금리)에다가 미국 서브프라임 모기지 부실, 엔캐리 트레이드 청산 등 대외적 악재에 노출되어 주식시장이 요동을 치고 세계 자금시장은 신용경색 조짐을 보이고 있어 기업과 투자자들이 크게 불안해하고 있다.

문제는 이러한 대외적 교란에 단기적으로 대응할 수 있는 적절한 대책이 별로 없다는 것이다. 미국 금융 당국은 여건이 어려운 가운데 정책 금리도 내리고 달러 평가절하도 유도하며 나름대로 신용 경색과 경기 침체에 선제적으로 대응을 하고 있다. 그러나 우리 금융 당국은 금리나 환율을 정책수단으로 사용하는 데 큰 제약을 받고 있다.

여러 가지 원인이 있겠지만 우리나라처럼 대외 의존도가 높은 소국개방경제는 어차피 내외적 변수에 많이 휘둘릴 수밖에 없기 때문이다.

하지만 한국은 여기에 더해 우리가 노력했으면 피할 수 있었던 금융구조의 취약점까지 안고 있다는 데 더 큰 문제가 있다. 무엇보다 그간 우리 금융시장 개방이 외국자본의 국내 유입 일변도로 진행됐다는 점이다. 돈은 들어오면 또 나가야 한다. 그런데 우리는 돈이 일방적으로 들어오기만 하고 나가지는 않아 쏠림 현상이 빚어진 것이다.

이는 현재 우리경제가 큰 부담으로 안고 있는 과잉유동성과 과도한 원화 가치 절상의 근본적 원인이 되었다. 따라서 지금이라도 이같은 구조적 취약점을 완화하려는 노력을 적극 실행해야 한다. 정부 당국은 우선적으로 금융구조를 외국자본의 국내 유입 일변도 형태에서 국내 자본도 외국 시장에 활발하게 진출하는 양방향 개방화 형태로 변화해야 한다. 경제 흐름은 양방향으로 진행이 되어야 안정성을 갖게 된다.

정부도 다소 늦긴 했지만 양방향 개방화의 중요성을 깨닫고 내국인의 해외 투자 규제 완화 등 제도적 뒷받침을 실행하기 시작했다. 하지만 그 실행을 좀 더 앞당기고 해외 투자 활성화를 위한 다각적이고 적극적인 지원이 필요하다.

근래에 우리 기업인들이 해외 투자에 적극 나서는 움직임을 보이고 있다. 기업 입장에서 새로운 성장 동력을 확보함은 물론 우리경제를 양방향 구조로 가져가 안정화한다는 점에서 고무적이다.

2007년 11월 14일 박현주 미래에셋 회장이 '해외 펀드 형태로 국내 투기성 핫머니가 해외로 빠져나가면서 국내 부동산 가격도 낮추고 환율도 안정시키는 등 큰 기여를 하고 있다'고 말했는데 빈말이 아니다.

묻지 마 식 해외 투자는 또 다른 후유증을 가져올 수 있다. 그러나 우리 금융구조를 양방향 구조로 개편하는 것을 미룸으로써 우리경제가 거시적으로 부담해야 하는 국가적 비용은 이미 우리 국민의 해외투자 실패로 인한 국가적 부담을 훨씬 능가한다고 생각한다.

우리 통화 당국은 과잉유동성과 시장금리 상승 문제를 어쩔 수 없는 것이라고 뒷짐지고 앉아 있어서는 안 된다. 예를 들어 대외적인 요인에 의해 금융 불안이 가중되고 있는 현 상황을 특수 상황이라고 보고 시장 금리의 상승 요인으로 작용하는 과도한 채권 발행 물량을 적절하게 관리할 필요가 있다.

여러 대외적 경제 불안 요인이 한꺼번에 다가와 불안하기 짝이 없다. 하지만 우리의 통제 밖에 있는 대외 변수를 손 놓고 쳐다보고 있을 때가 아니다. 우리의 힘으로 통제할 수 있는 대내적인 불안 요인을 최대한 줄이는 것이 급선무다. 금융시장의 양방향 개방화는 그 첫 번째 시험대가 될 것이다.

● 『조선일보』, 2007년 11월 15일

6

탄력적인 유동성 관리 방안을 찾아라

2008년 1월 10일 한국은행 총재는 정례 금융통화위원회 회의에서 '물가가 최근에 많이 상승해서 걱정이다. 소비자물가 상승률이 2007년 11월에 전년 동월 대비 3.5퍼센트에서 12월에는 3.6퍼센트로 올랐다'고 밝혔다. 웬만해서는 정책 당국자는 물가 불안을 공개적으로 걱정하지 않는 것이 상례다. 불안을 더 부추길 수도 있기 때문이다.

그럼에도 불구하고 중앙은행 총재가 이렇게 공개적으로 우려하고 있는 것은 지금 전개되고 있는 물가 상승을 일시적인 것이 아니라 앞으로 심각한 물가 상승으로 이어질 수 있는 중대 문제로 인식하기 때문일 것이다.

왜 이렇게 물가 상승 추세가 계속돼왔고 또 앞으로도 그 상승 추세가 계속될 가능성이 크다고 보는 것일까? 물가 상승의 배경은 공급측 요인과 수요측 요인으로 구분할 수 있다. 최근 물가 상승에서는 공급측 요인이 더 큰 역할을 하고 있다. 원유를 포함한 국제 원자재 가격상승, 중국 등 신흥 국가에서 수입하는 상품 가격의 인상, 고금리에 의한 기업의 금융비용 증가, 공공요금 및 세금 부담의 증가 등이 그 주요 요인이다.

현재 전개되고 있는 대외적 여건을 감안할 때 원자재나 중국 수입 상품의 가격은 앞으로도 상승할 가능성이 크며 우리경제의 고비용 문제도 구조적 성격을 갖고 있어 계속될 여지가 크다.

물가 상승의 수요측 요인으로는 과거의 유동성 과잉과 높은 인플레이션 심리 등을 들 수 있다. 돈이 너무 많이 풀리면 물가는 오르게 마련이다. IMF 위기 이후 (특히 2001년과 2002년)의 유동성 관리 실패는 그간의 부동산 가격 등 자산 가격의 거품과 상품 가격의 상승을 부채질했고 그 불씨는 아직도 남아 있다.

정부 당국은 그간 과잉유동성 문제를 해결하기 위해 여러 노력을 하고 있지만 아직 제대로 해결을 못하고 있다. 미국과는 달리 우리나라에서 경기 활성화를 위해 정책 금리를 내리지 못하고 있는 것은 아직도 과잉유동성 상태가 해결되지 않고 있다는 반증이다. 이렇게 볼 때 우리는 물가 상승이 앞으로 계속될 가능성이 짙다는 점, 그리고 그 물가 상승에 대응하기가 쉽지 않다는 점을 확인할 수 있다.

지금 시점은 그 어느 때보다도 물가안정이 중요한 때다. 경제를 최우선으로 하겠다는 이명박 정부가 이제 활기차게 새로운 시작을 할 시점에서 경제 활성화의 기본이 되는 물가안정을 이루지 못하면

경제정책 과제들을 계속 머뭇거릴 수밖에 없고 결국 이명박 정부 초기에만 활용할 수 있는 정책 호기를 놓치게 된다. 따라서 노무현 정부와 차기 정부 인수위는 긴밀히 협조하여 시기를 놓치지 말고 물가 안정을 위해 할 수 있는 제반 조치를 강구하여 실행하는 것을 최우선 과제의 하나로 삼아야 할 것이다.

먼저 정부는 수입 원자재 가격의 상승 등에 의한 불가피한 물가 상승은 수용할 수밖에 없지만 국민이 이러한 가격 급등에 적응할 수 있도록 지원을 아끼지 말아야 한다. 특히 인수위에서 고려하고 있는 유류세 인하를 과감하게 조속히 실행할 필요가 있다. 그리고 원유 등 해외 원자재 가격상승에 기인한 원가 상승 부담은 대내적 원가절감으로 상쇄시키면서 대응해나갈 필요가 있다. 따라서 기업 구성원들이 임금 상승 억제와 생산성 제고에 적극 참여하도록 유도해야 한다.

공공요금 및 세금 인상도 가능한 한 억제하거나 미루도록 유도할 필요가 있다. 그리고 시장 금리와 기업 대출 금리를 하향 안정화시키는 방안도 강구해야 한다. 콜금리의 인하 없이도 채권 공급 물량 조절, 채권 수요 확대 등의 방법으로 시장금리의 안정화를 도모할 수 있는 여지가 있다.

통화 당국은 경기 회복이 미진한 현재의 상태에서 물가안정만 고려하여 경기에 큰 충격을 줄 수 있는 대규모 유동성 환수에 나설 수 없지만 그렇다고 악화되고 있는 물가 불안을 바라만 보고 있을 수도 없다. 결국 이런 상황에서 정책 당국은 실물경제의 동향을 면밀히 관찰하면서 보다 정밀하고 탄력적인 유동성 관리 방안을 모색해나가야 할 것이다.

● 「문화일보」, 2008년 1월 12일

7

.

금융불안 확산을 저지하라

2007년 상반기 경기가 회복 기미를 보이고 있지만 단기금리 상승 및 원/달러 환율 하락(원화절상) 등 금융시장의 변수들은 불안한 행태를 보이고 있다. 콜금리는 연 4.5퍼센트로 묶여 있는데 지표금리인 3년 만기 국고채 금리와 CD 금리는 계속 5퍼센트를 상회하고 있다. 원/달러 환율 역시 달러당 920원 초반 대까지 밀리는 등 원화 강세가 이어지고 있다. 중소기업 대출, 신용카드 등 금융시장에서 특정 부문의 쏠림 현상도 가시지 않고 있다.

이와 같은 금융시장 불안은 지난 몇 년간 계속되어 왔지만 2007년 들어 더욱 확대되고 있다. 이는 기본적으로 어느 한쪽으로 쏠림 현상이 지속적으로 심화되고 있기 때문이다. 2006년 전체 대출시장에서 주택담보대출 쪽으로 쏠림 현상이 두드러졌다가 2007년 들어 정부의 정책적 의지에 따라 주택담보대출 급증 현상이 완화됐다. 그러나 최근 중소기업 대출, 카드 영업 등으로 쏠림 현상이 옮겨가고 있는 모습이다.

이 같은 쏠림은 개별 경제 주체들의 문제 때문이기도 하지만 거시적 측면에서 취약한 구조를 갖고 있기 때문이다. 특히 IMF 외환위기 이후 외국자본의 국내 유입은 많았던 반면 국내 자본의 해외 투자는 제한적이었다. 이처럼 개방화가 빠른 속도로 진행되다 보니 한쪽 방향으로 쏠림 현상이 나타나게 된 것이다.

최근의 환율, 금리, 유동성총량, 주가 등은 우리경제의 펀더멘털과 상당히 괴리되어 있다. 그리고 이 괴리된 금융변수는 쉽게 수정될 것 같지 않다. 2007년 기준으로 금융시장이 실물경제와 큰 괴리를 보이고 있지 않다는 당국의 시각은 다소 안이한 측면이 없지 않나 싶다. 현 상황의 원인이 구조적으로 어디에 있는지 파악하고 근본적인 정책을 펴나가야 한다. 특히 한국이 터키 다음으로 자국 통화가 많이 절상돼 있는 등 원화 고평가가 빠르게 진행 중인 상황에서 정책 당국이 좀 더 적극적인 행동에 나서야 할 필요가 있다.

우리경제의 과잉유동성 문제를 해결하는 것도 중요하다. 원화 절상이 계속되는 가운데 한국은행은 거액의 국외자산과 통화환수 잔고를 보유하고 있다. 우리 중앙은행은 외국 돈의 유입초과에 대응해 국외자산을 지속적으로 많이 취득했다. 그리고 그 과정에서 통화가 많이 풀리게 되고 이 통화를 거액의 통화안정증권이나 외평채 발행으로 회수하고 있다.

한국은행은 현재 불필요한 거액의 돈을 먼저 방출하고 차후에 그 돈을 다시 회수하는 비정상적인 통화관리를 하고 있다. 이러한 파행적 통화관리에 따른 비용 또한 만만치 않다. 더욱 난감한 일은 이러한 환율 절상과 거액의 통화환수 부담에도 불구하고 시중에 돈이 크게 남아돈다는 사실이다. 어쨌든 정책 당국은 종전과는 다른 정책을 취해야만 과잉유동성 및 환율 절상에 대한 기대를 낮추고 쏠림 현상도 방지할 수 있다.

당국은 기업, 금융기관, 개인들의 해외투자를 늘리는 방향으로 세제 등 정책적 지원확대를 고려해야 한다. 단기적 처방으로는 외화예금을 더 많이 유도할 필요가 있다. 일반 국민들도 국내 원화예금뿐 아니라 외화예금을 선택할 수 있도록 취사선택의 폭을 넓혀야 한다. 한국은행뿐만 아니라 일반 국민들도 외화를 갖고 있어야 과잉유동성 문제도 줄이고 통화절상 기대감도 완화시킬 수 있다.

국내 금융기관들이 외화차입이나 사채발행 등에 많이 의존하고 있는데 이를 줄여야 한다. 한국은행이 갖고 있는 외환보유액을 기초로 한 통화 스와프도 가능하지 않을까 싶다.

중장기적 관점에서 개방화 체제를 심화시키고 안정시키는 것이 필요하다. 이제는 개방도 양방향으로 이뤄져야 금융산업의 발전을 도모할 수 있다. 지금까지 우리는 문을 열어 외국 기업들을 받아들이는 입장이었지만 앞으로는 국내 금융사들의 국제화가 필요하다. 이를 위해서는 각종 제도를 새로 정비해야 한다. 그렇지 않으면 국내 금융시장이 외국 금융기관에 휘둘릴 가능성이 높다. 이 같은 큰 틀하에서 금융개혁이 추진돼야 하고 이와 동시에 유동성 관리, 과도한 원화절상에 대한 대책, 외환보유액 운용 효율화 등의 대책이 필요하다.

●『헤럴드경제』, 2007년 5월 3일

8

거품과 교란의 근원에 대응하라

1997년 IMF 외환위기 이후 우리경제는 빠른 속도로 대외 개방을 추진했다. 특히 국내 금융시장은 거의 완전 개방 상태에 이르고 있다. 이에 따라 외국자본의 국내 진출이 크게 늘어나 우리나라의 많은 주요 기업과 금융회사의 지분이나 경영권 또는 상당한 규모의 부동산이 외국인에게 매각된 것은 주지의 사실이다.

물론 이러한 매각은 외환위기를 극복하고 새로운 경제환경인 세계화 체제에 적응하기 위해 불가피했다. 그러나 이제 우리는 이렇게 많은 국내 자산을 외국인에게 매각하고 받은 자금을 어떻게 운용하고 있는지를 눈여겨볼 필요가 있다.

우리는 그 매각 대금을 주로 국내시장에서 투자하고 운용할 생각만 했지 외국인들처럼 글로벌 시장에 나가 운용할 생각을 못했다. 아니, 그런 생각을 했더라도 경험과 능력 부족으로 엄두를 내지 못했던 게 사실이다. 그 결과 많은 돈이 해외에서 국내로만 흐르는 형태를 보여 심각한 쏠림 현상과 이에 따른 여러 가지 부작용을 유발하고 있다.

이러한 쏠림 현상은 우리나라 돈의 과도한 대외가치 상승과 함께 과잉유동성 문제를 만들었다. 국내주식이나 자산의 매입으로 외국 돈이 계속 들어오는 반면 국내 돈은 외국으로 한정적으로만 나가게 되어 외국 돈에 대한 우리 돈의 교환비율, 즉 환율은 계속 절상되는 구조에 놓이게 되었다. 이러한 환율의 절상 특히 원/달러 환율은 2006년 들어 더욱 가파른 상승세를 보이고 있다.

한편 우리경제의 수출과 생산에 크게 부담되는 환율절상이 계속되는 가운데 2006년 4월 기준 우리나라 중앙은행은 거액의 국외 자산과 동시에 거액의 통화환수잔고를 보유하고 있다. 2006년 1월 말 기준 국외자산은 213조 원이고 통화환수잔고(통화안정증권＋외평채)는 166조 원에 달한다. 이러한 사실은 우리나라 중앙은행이 외국 돈의 유입초과에 대응하여 국외자산을 계속 많이 취득하였고 그 취득 과정에서 우리나라 통화가 많이 풀리게 되어 이 통화를 거액의 통화안정증권이나 외평채 발행으로 회수하고 있다는 것을 말한다.

한국은행은 현재 불필요한 거액의 돈을 먼저 방출하고 차후에 그 돈을 다시 회수하는 비정상적인 통화관리를 하고 있다. 이러한 파행적인 통화관리 비용 또한 만만치 않다. 그 비용 때문에 발권 은행임에도 불구하고 한국은행은 최근 수지상 적자를 보이고 있다.

더 난감한 일은 이러한 환율절상과 거액의 통화환수를 부담함에도 불구하고 시중에 돈은 크게 남아돈다는 사실이다. 특히 우리경제의 유동성은 총 규모면에서 과잉상태에 있을 뿐만 아니라(단기예금만 포함시킨 유동성규모 M1은 IMF 이후 2005년 말까지 3배로 증가하였고 장기예금까지 포함시킨 유동성규모 M2나 M3는 2배로 증가함) 그 유동성 구성도 계속 단기화되어 금융불안을 야기하고 있다. 금융기관 전체 예금에 대한 단기(만기 6개월 미만) 수신자금의 비중은 2005년도에 40퍼센트 수준에서 2006년도에는 50퍼센트를 상회하는 상황이다.

과잉유동성과 단기자금화 문제는 근원적으로는 외국자본의 유입 초과 상태라는 구조적 조건에서 유래하였지만 유동성 관리의 주체인 한국은행에 그 책임이 상당하다고 볼 수 있다. 한국은행은 목표금리와 목표물가 수준에 영향을 주지 않고 유동성 관리를 보다 견실하게 할 수 있었지만 그렇지 못한 것으로 평가된다.

우리경제의 넘쳐나는 돈은 그간 국내소비 위축, 유가상승, 중국 제품의 물량공세 등 대내외 악조건과 결부되어 기업투자로 연결되기보다 일자리 창출과 거의 관계없는 가계대출과 부동산투자에 몰렸다.

세계지도를 펴놓고 투자 대상을 찾는 외국인들과는 대조적으로 대부분의 내국인들은 좁은 국내시장을 거의 벗어나지 못했으며 부동산의 경우 서울 강남구 등 특정 지역의 아파트에 강한 집착을 보였다.

이러한 내국인의 투자 방식은 가지고 있던 부동산이나 자산을 외지인에게 팔고 그 매각 대금으로 좁은 고향 땅에서 비생산적인 투기나 소비에 몰두하는 지방 원주민의 행태에 비유될 수 있다. 이러한 '우물 안 개구리 식' 행태는 바로 그간의 개방 체제가 주로 외국인들이 국내시장에 진출하는 식으로 전개됐으며 동전의 다른 한 면인 내국인의 외국 시장 진출은 매우 제한적이었다는 것을 의미한다.

우리경제의 가장 큰 걱정거리 중 하나인 과도한 가계 대출과 부동산 거품도 근원적으로는 쌍방 통행식 개방화가 아닌 반쪽 형태의 개방화 구조에 기인한다고 볼 수 있다.

지금처럼 외국인들이 국내시장에 진출하는 것에 무게 중심을 둔 개방화는 우리와 같은 작은 나라의 경우 외국자본의 유출입에 너무 휘둘리게 된다는 점을 유의해야 한다. 외국자본의 유입이 많아지다 보면 어느 한순간 여건이 바뀌어 외국자본이 대거 빠져나가면서 큰 위험에 직면할 수 있다.

외환 시장이 아직 제대로 발전되지 못한 우리나라에서는 외국 돈의 유출입이 우리경제의 펀더멘털과 관계없이 급격한 환율 변화를 쉽게 유발해 수출 등 실물경제를 교란하는 경우가 많을 수밖에 없다. 이제 거품과 교란의 위험이 많은 그간의 일방형 개방화에서 벗어나 보다 균형 있는 상호 진출의 양방형 개방화를 적극 도모해야 할 시점에 이르렀다.

앞으로 우리나라의 기업, 금융회사, 투자가들은 보다 더 적극적으로 세계시장 진출을 준비해야 하며 정부는 이를 체계적으로 뒷받침해야 한다. 물론 좋은 외국 기업과 외국 투자자들이 한국시장에 계속 활발하게 진출하도록 시원하는 일도 계속해야 한다. 그러나 만

약 현재와 같은 불균형적인 개방화 구조가 개선되지 않고 지속된다면 아무리 강한 정부 대책이 강구되더라도 부동산 거품과 같은 자산 거품의 확대와 붕괴 그리고 이에 따른 심각한 피해가 예견된다.

우리경제가 한 단계 도약하기 위해서는 각 경제 주체들이 경쟁력을 갖추고 세계시장에 활발하게 진출해야 할 것이다. 그리고 이것이 바로 경제 구조개혁의 기본 목표가 돼야 하며 이를 뒷받침하는 제도적, 관행적 변화를 꾀하는 것이 바로 그 구조개혁의 핵심 내용이 된다고 할 수 있다.

● 국민경제 자문회의 뉴스레터, 2006년 4월

9

금융세계화 시대가 시작됐다

2004년 금융 환경 변화 중 가장 근본적이고 거스를 수 없는 대세는 바로 금융세계화라고 할 수 있다. 세계 각국의 금융시장 자유화 조치, 각종 금융규제 완화 및 인터넷에 의한 금융의 온라인화 등에 의하여 태동된 금융세계화는 이미 상당 수준 실현되었고 이는 앞으로 더 확대될 것이다. 이와 같은 변화 속에서 우리 금융시장도 거역하기 어려운 이 추세를 수용하였고 그 수용 정도는 더욱 심화될 전망이다.

전 세계적인 금융시장의 확대통합은 금융자원의 배분과 금융시장의 효율성을 높이는 역할을 하겠지만 반면에 부담되는 측면도 적지 않다. 특히 금융통합의 확대에 따라 각국 금융시장의 동조화 현상이 심화되고 있고 국가 간 금융위기의 전염효과contagion effect가 증대되었으며 경쟁 확대에 따라 금융시장의 가격변수 변동성이 높아져 금융위험이 크게 상승했다.

금융시장의 규모에서 선진국과 엄청난 차이를 보이고 있는 우리나라와 같은 신흥국가의 금융과 경제는 금융세계화의 환경에서 말그대로 망망대해에 떠 있는 돛단배에 비유되기도 한다.* 세계은행 부총재를 지내고 미국 스탠퍼드대 교수로 복직한 저명한 학자인 스타글리츠 박사는 세계화 시대의 소국경제를 망망대해를 항해하는 작은 배에 비유했다.

특히 외국의 거대자본은 주기적으로 신흥국가의 금융시장에 불안 요소로 작용할 가능성이 상존하고 있다. 그 결과 경제에 거품 생성과 붕괴의 반복boom-bust cycle을 초래할 우려가 높기 때문에 이런 비유가 가능하다.

이처럼 과거와 다른 상황의 전개는 우리에게 새로운 대응을 요구하고 있다. 따라서 금융의 건전성과 공정성 확보를 그 책무로 하는 금융감독 당국도 금융업의 큰 변화의 흐름을 수시로 확인하고 적극적으로 대처해나가야 한다.

금융세계화의 진전과 관련하여 금융감독 당국이 유의해야 할 중요사항을 몇 가지 선별적으로 언급해보기로 한다.

첫째, 우리 금융시장이 세계 금융시장에 통합되는 정도가 심화될수록 한국경제호는 금융 위험이 높아진 더 넓은 바다에서 항해한다는 것을 인식해야 한다. 최근 우리 주식시장에서의 외국인 비중이

---

* 한국 증시의 상장주식 시가총액은 미국의 1~1.5퍼센트 수준이다.

40퍼센트를 상회하게 되었고, 은행산업에 대한 외국자본의 지배율 (총 자산 기준)이 30퍼센트에 달하고 있다는 사실은 금융감독 당국으로 하여금 금융회사 및 투자자의 위험관리에 대한 독려와 감시를 더 강화하도록 요구하고 있다.

둘째, 금융세계화의 기본틀 속에서 우리는 외국자본이 국내시장에 활발하게 투자하도록 하는 한편 국내 자본도 외국시장에 적극 진출하도록 유도해야 한다. 그간 세계화는 외국인의 한국시장 진출 위주로 진행되어 우리 금융의 불안정성을 가중시켰다. 따라서 정부 및 금융감독 당국은 국내 금융회사와 투자자의 해외시장 진출을 지원함으로써 보다 안정적인 양방향형 세계화를 지향할 필요가 있다.

셋째, 금융세계화의 대세를 받아들인 이상 가능한 한 우리의 감독제도와 정책 그리고 관행을 국제적 규범에 일치시키는 개혁을 부단히 추진해야만 세계화에 따른 부작용과 마찰을 줄여나갈 수 있다. 물론 국제적 정합성을 추구하는 과정에서 우리나라의 고유한 제도와 관행의 장점은 계승 발전시켜 국제적 규범과의 차별성을 갖춘 새로운 제도와 관행을 구축해야 할 것이다.

넷째, 금융시장이 거의 완전개방 단계에 이르게 됨으로써 금리, 통화, 환율을 정책수단으로 한 종래의 거시정책 유용성이 상당부분 제약을 받게 되었다. 그러나 국가 단위의 경제 정책은 여전히 필요한 상태인 바, 금융 감독 정책이 거시경제 정책의 수단으로 보조적인 역할을 할 필요성이 증대되었다. 그렇다고 금융 감독 정책이 거시 정책 수단으로 과도하게 운용될 경우 금융의 건전성과 공정성 확보라는 정책의 고유목표 달성에 지장을 줄 수도 있다.

따라서 금융감독 당국으로서는 어려운 선택과 분별력이 요구되겠지만 기본적으로 그 고유목표 달성을 저해하지 않는 범위 내에서 거시경제 정책을 지원하는 방향으로 금융감독제도와 정책*을 효율적으로 운용해야 할 것이다.

끝으로 금융세계화라는 새로운 상황에서 금융감독 업무는 다른 어떤 공적 업무보다도 그 중요성이 높아졌으며 동 업무종사자의 책임 또한 무거워졌음을 인식해야 한다. 특히 금융감독 업무 종사자들은 시대적 사명의식을 확실히 가지고 전문성 개발과 자기혁신에 배전의 노력을 기울여야 한다. 아울러 정부 차원에서도 금융감독 업무의 중요성을 정확하게 인식하여 그 기능 제고를 위한 제도 개선 및 정책적 지원을 강화해나가야 할 것이다.

●금융감독원 웹진, 『금감원 이야기』, 2004년 2월 호

---

* 예컨대 대손충당금제도, 담보비율제도 등.

10

외국 큰손들과 맞설 역량을 키워라

외국인 투자자들이 우리나라에서 공장을 지어 생산과 고용을 창출하는 직접투자는 줄어들고 있는 반면 자본차익이나 기존기업 인수에 일차적 목적을 둔 금융투자는 크게 늘어나고 있다.

주식시장의 외국인 비중은 2003년 3월 기준 40.1퍼센트에 이른다. 2003년 3월까지 7개 시중 은행들 가운데 제일은행, 한미은행, 외환은행 등 3개 은행에 대해 외국인이 경영권을 행사하고 있다. 나머지 4개 은행 중 우리은행을 제외한 국민은행, 신한은행, 하나은행도 외국인 지분율이 50퍼센트 이상이다. 외국인 투자자 비중의 증가는 은행업에 국한되지 않고 증권, 보험, 투신 그리고 대부업을 포함한 중소금융까지 광범위하게 확산되고 있다.

한 나라의 금융시장에서 이렇게 단기간에 외국인의 비중이 높아진 것은 세계적으로 그 전례를 찾기 어렵다. 더욱이 2004년에는 정부 소유인 우리은행의 매각이 본격화되고 한국투자증권, 대한투자증권 등도 구조조정을 거친 후 공개입찰을 통해 매각될 예정이어서 외국인 비중의 증가 추세는 계속될 가능성이 높다. 따라서 현시점에서 외국인 비중 확대가 우리에게 어떤 득실을 초래하는가를 냉철하게 정리해볼 필요가 있다.

세계화는 거스를 수 없는 새 구조임에 틀림없다. 금융부문의 세계화는 더욱 거센 추세다. 한국 금융시장도 추세를 거스를 수 없다. 외국인 투자는 북핵문제, 구조조정 과정상의 마찰 등 우리경제의 불확실성과 불신 문제를 개선하고 투자대상 기업의 경영방식을 선진화하는 데 상당한 기여를 한다.

우리경제의 포괄적인 구조조정 과정에서 탄생하게 되는 여러 부실회사들에 대한 외국자본의 참여는 부실 처리의 지체로 생겨나는 국민적 손실을 축소하는 중요한 역할을 한다. 그러나 외국자본 확대가 우리에게 부담을 지우는 측면 또한 만만치 않다.

먼저 외국투자자들은 일종의 군집 행태를 보여 쏠림 현상을 유발할 가능성이 항상 있다는 점을 유의해야 한다. 너도 나도 매입에 나섰다가 너도 나도 매각에 나설 경우 국내기업과 금융회사는 큰 어려움에 직면할 수 있다. 주식시장에서 외국인 비중이 40퍼센트를 넘고 은행산업에 대한 외국자본의 지배율(총 자산 기준)이 30퍼센트에 달하는 상황은 이러한 위험에 대한 대책을 심각하게 요구한다고 볼 수 있다.

최근 과도한 가계대출과 부동산 거품이 우리경제의 현안으로 등

장했는데 따지고 보면 이 역시 외국자본 과다유입에 기인한다. 중앙은행은 환율안정을 위해 국내에 들어오는 외화를 일부 사들이지 않을 수 없었고 그 결과 원화자금이 대거 풀려 가계대출의 급증과 부동산 거품 등을 유발한 것이다.

외국계 자금의 비중이 증가함에 따라 정부의 금융회사 건전성 감독에도 어려움이 있다. 우리 감독 당국은 외국 투자자들의 복잡한 거래행태를 철저히 감시, 감독하기 위해 아직 준비를 더 해야 한다. 특히 해외에 기반을 둔 복잡한 형태의 투자펀드를 이용하여 국내은행이나 금융회사를 인수하여 경영할 때 그 실질적인 대주주나 대주주 관련 거래에 대한 적절한 감시가 어려울 때가 많다.

물론 외국자본의 확대에 따른 득과 실을 대차대조표 형식으로 명확하게 비교할 수는 없다. 그러나 최소한 최근과 같은 포트폴리오 형태 위주의 외국자본 확대는 지양되는 것이 바람직하다. 아무리 좋은 약이라도 과용하면 탈이 난다. 그리고 약은 자기 체력에 맞게 써야 한다. 따라서 향후 금융회사의 매각은 점진적으로 진행하고 가능한 한 외국자본보다 국내 자본에 투자 기회를 주는 것이 바람직하다.

소국개방경제에서 외국의 대자본에 휘둘리는 것은 어쩔 수 없다. 그러나 우리는 그 휘둘림을 최소화하는 노력을 부단히 해야 한다. 그것의 가장 근본적인 대책은 국내 금융회사나 투자자들이 자산운용과 경영기법에 있어서 덩치는 작지만 외국 큰손들과 대등한 게임을 할 수 있는 역량을 키우는 일이다.

이러한 역량은 물론 하루이침에 이루어지지 않는다. 헤딩 주체가 부단히 노력해야 하며 정부 차원에서는 제도와 정책의 적절한 개편으로 이러한 노력을 적극 뒷받침해주어야 한다.

●『한국경제』, 2003년 12월 24일

2부
_____

한국경제 위기에서 배우다

제3장
두 번째 위기, 글로벌 경제위기

1

다시 한 번 추락한 한국경제

    2008년, 미국은 주택가격의 큰 거품이 꺼지면서 대공황 이후 최대 금융위기를 맞이했다. 이러한 초대형 금융부실과 심각한 신용경색을 내용으로 하는 금융위기는 앞으로 어떻게 진행되고 또한 국제적으로 어떤 파장을 미칠지 여전히 불투명하다.

    역사적 큰 사건이자 전환점이 될 수 있는 이 위기의 진상과 그 의미는 앞으로 상당한 시간이 지나야 밝혀질 것이다. 물론 이는 앞으로 경제학계의 초대형 연구과제가 될 것이다. 그러나 우리는 여유 있게 이 위기의 발생배경이나 역사적 의의를 추측하고 논할 시간이 없다. 이미 발등에 떨어진 불이기 때문이다.

    미국의 대형 금융부실 사고는 세계화된 체제하에서 심각한 글로벌 금융경색과 불안으로 연결되어 우리나라를 포함하여 대다수의 국가를 강타하고 있다. 특히 한국경제는 그 자체의 내재적인 취약성 때문에 더 심한 충격을 받고 있다.

이는 최근 진행되고 있는 급격한 외화유출과 이에 따른 환율폭등이라는 심각한 상황이 잘 말해주고 있다. 그간 한국 외환시장에서는 연초 대비 달러에 대한 원화 환율이 50퍼센트 이상까지 급변동하고 있다. 그리고 국내 금융기관들은 심각한 외화유동성 부족에 휘말려 있다. 외환시장에서는 위기의식까지 퍼지고 있다. 이러한 외환시장의 심각한 불안과 위기 분위기는 다른 금융시장은 물론 실물부문에까지 옮겨가기 시작하였고 이미 상당한 타격을 주고 있다.

대형 금융사고가 나면 돈은 위험한 곳에서 이탈해 상대적으로 덜 위험한 곳으로 이동하기 마련이다. 우리나라는 아직 선진국에 비하면 상대적으로 위험이 높은 신흥시장국가로 간주되기 때문에 국제적 금융경색 시에 외화가 국외로 빠져나가는 것을 막을 수는 없다.

더 큰 문제는 우리나라만큼 외화유출의 쏠림과 환율급등이 심한 나라를 찾기 힘들다는 데 있다. 왜 그런가. 이 현상의 근본적이고 구조적인 원인으로 금융의 비대칭적 개방화 구조를 지적하지 않을 수 없다.

일방향형 개방구조와 정부의 외화매입

정부는 1998년 외환위기 이후 빠른 속도로—거의 졸속이라고 할 정도로—국내 금융시장의 전면적인 대외개방을 진행했다. 그러나 이러한 급속개방은 양방향형 개방구조가 아닌 일방향형 개방구조를 낳게 되었다.

개방을 추구하는 이유는 외국인이 국내시장에 들어와서 활동하는 것뿐 아니라 내국인도 외국시장에 나가 경제무대를 확대하여 다함께 더 많은 경제적 이익을 누리는 데 있다. 그러나 그간의 우리나라 금융개방은 외국인은 국내시장에 자유롭게 진입하여 투자활동을 활발하게 하는 반면 내국인은 국제시장에 나가 제대로 금융투자를 못하는 일방향 위주의 구조에서 벗어나지 못하고 있다.

그 주된 이유는 무엇인가. 내국인의 해외투자에 대한 규제는 거의 다 풀어졌지만 내국인은 외국인과 달리 세계시장에 진출하여 적극적으로 금융투자를 할 수 있는 능력과 경험을 갖고 있지 못하기 때문이다. 결국 이러한 사정은 우리나라의 금융개방을 실질적으로 반쪽 개방구조를 만들어 우리경제에 큰 부담을 주었다.

사실 얼마 전까지만 해도 외화가 우리나라에 넘쳐흘렀다. 특히 외환위기 이후 상당 기간 경상수지 흑자가 계속되어 국내 수출업체가 벌어들인 외화도 많았지만 세계적으로 저금리가 지속되는 환경하에서 국내 금융기관이나 회사 또는 부동산을 인수하거나 투자하기 위한 외국투자자들의 외화가 과도하게 많이 유입되었던 것이다.

양방향형 개방구조하에서 내국인이나 내국기업들은 국내자산을 외국인에게 매각하고 받은 대금 중 상당부분을 외국시장에 투자한다고 볼 수 있을 것이다. 그러나 앞서 지적한 바와 같이 국내 경제주체는 그 매각대금으로 외국투자를 하기보다는 국내투자에 크게 편중했다.

외국인에 의한 과도한 외화유입과 더불어 내국인의 국내시장 위주의 투자행태는 환율의 급락, 즉 원화의 과도한 절상을 초래하게 되었다. 결국 이러한 상황에서 정책 당국이 넘치는 외화를 매입하여 시장의 부족한 외화수요를 메우고 환율안정을 기하는 정책개입을 하게 되었다. 그리고 이러한 정책개입은 상당기간 동안 지속되어 당국의 외환보유액을 크게 증가시키는 데 주도적인 역할을 했다. 그 수준은 글로벌 금융위기 전인 2007년에 2,600억 달러를 상회하게 되었다.

그러나 이러한 당국의 적극적인 외화매입 노력에도 불구하고 다른 나라의 통화에 비하여 원화 절상은 계속해서 더 높게 나타났다. 더욱이 외화매입은 우리경제의 실물과 금융부문에 많은 왜곡과 교란(수출기업의 가격경쟁력 저해, 단기투기자금 교란 기승 등)을 가져왔다.

더욱이 외환보유액의 가파른 증가 역시 우리경제에 또 다른 큰 부담을 수반한다. 우리나라에서 외화매입을 통한 외환보유액의 증가는 통화 안정증권 또는 외국환평행기금채권의 발행증가나 통화량의 증가를 유발한다. 따라서 외화매입의 지속적인 확대는 채권시장의 금리를 인상시키거나 통화증발을 유발하게 되었다.

또한 이는 거액의 중앙은행 적자와 이에 따른 정책 당국의 신뢰 훼손을 야기하기도 했다. 특히 그간의 계속된 통화증발은 금융시장의 유동성과잉 상태를 심화시켜 부동산 시장의 심각한 거품을 야기하는 등 경제와 금융안정을 크게 저해했다.

한국경제는 그간 부남이 낳았던 외화유입 쏠림에서 벗어나 안노하기도 전에 이제는 급격한 외화유출 쏠림에 처하게 된 것이다. 이 새로운 쏠림은 환율폭등, 심각한 유동성경색, 주식 및 채권가격의 급락 등 이전의 경우보다 더 부담스럽고 어려운 난제를 만들어내고 있다. 시장은 넘칠 때보다는 부족할 때 더 불안함을 느껴 더 크게 동요하게 된다.

신중해야 할 정부의 외환정책

만약 외화의 유입 쏠림 현상으로 외화가 크게 싸졌을 때 내국기업이나 금융회사들이 외화보유를 증대했더라면 지금과 같은 환율불안과 극심한 외화부족 상태까지는 가지 않았을 것이다.

물론 우리의 개방구조를 일방향형에서 양방향형으로 단기간에 전환할 수는 없다. 전자는 앞서 언급한 대로 국내 금융주체의 능력과 경험 부족에 연유한 것이고 이를 개선하는 일은 상당한 시간이 걸릴 수밖에 없기 때문이다.

그러므로 앞으로 정책 당국은 우리의 개방구조의 특성을 제대로 이해하고 그 특성에 연유한 결과의 상당부분을 당분간 수용하고 견딜 수밖에 없다는 사실을 우선적으로 유의해야 한다. 그래서 최근 전개되고 있는 환율급등과 외화자금경색에 대하여 과도한 대응을 경계해야 한다.

그렇지만 당국은 무리하지 않는 수준의 정책적 노력을 계속해야 한다. 특히 현시점에서 정책 당국은 그간 외화유입 쏠림 시에 적립한 외환보유액을 일부 방출하여 적절히 금융시장의 안정을 기하는 것이 필요하다. 외환보유액 사용을 지나치게 주저할 필요는 없다.

정부 당국이 거액의 외화를 보유하게 된 배경은 외화가 시장에서 넘칠 때 민간 경제주체가 해외자산 운용 경험과 능력 부족으로 외화를 적극적으로 매입하지 않음에 따라 정부가 대신 많은 외화를 매입한 데 있다. 따라서 당국이 민간 경제주체를 대신하여 환율하락 시에 싸게 구입한 외화를 환율상승 시에 비싸게 팔면서 외환시장 쏠림을 완화하는 것을 시장에 역행하는 정책이라고 쉽게 단정할 수는 없다.

외환보유액을 실제 사용함에 있어서는 매우 신중하게 임해야 한다. 특히 현재 나타나고 있는 미증유의 대내외 불확실성과 시장 불안을 감안할 때 더욱 그렇다.

정부 당국은 초단기적으로 환율이 급등락하는 것에는 과민하게 대응할 필요가 없다. 그러나 국제시장의 구조적 변화, 국내 경상수지의 구조적 추이 등 대내외 경제의 펀더멘털을 감안하면서 유연하지만 일관성 있게 외환보유액 사용을 통한 시장개입을 할 필요가 있다. 정책 일관성이 지켜지고 당국에 대한 시장의 신뢰가 유지될 때 시장의 불안은 축소되고 외환보유액 사용은 그 소기의 목적을 달성할 수 있다.

외환정책의 운용에 있어서는 당국─기획재정부와 한국은행─간의 정책적 공조가 중요하다. 현재 외환보유액 대부분은 한국은행 자산계정에 있다. 따라서 외환보유액의 변화는 한국은행의 통화성 부채인 통화량이나 한국은행 발행채권인 통화안정증권 발행액의 변화를 유발하고 있다. 결국 환율정책은 원화금융 정책과 밀접하게 연결되어 있다. 그러나 외환정책의 관할은 기획재정부에 있고 원화 금융정책은 한국은행이 맡고 있다.

이러한 금융정책 운용체계는 정책 당국 간의 불필요한 마찰을 가져오고 정책에 대한 시장의 불확실성과 불안을 증대시키고 있다. 따라서 앞으로 외환정책과 통화금융정책의 운용체계 정리와 개선을 모색하는 것도 중요한 과제의 하나가 되어야 할 것이다.

한국 금융시장에 있어서 과도한 출렁거림과 휘둘림을 완화시키기 위하여 보다 근원적인 노력을 계속해야 한다. 이는 바로 양방향형 금융 개방 체제의 구축이다. 정부는 우리나라 금융회사나 기업, 그리고 개인들이 하루 빨리 역량을 키워 국내자산에 너무 치중한 자산운용에서 벗어나 세계시장에 적절히 분산 투자하여 투자위험을 줄이면서 더 나은 수익을 추구하고 나아가서 국민경제의 안정에도 기여할 수 있도록 보다 적극적으로 유도해나가야 한다.

심각한 국제 금융위기의 파장을 계기로 하여 정부는 물론 우리 학계도 그간의 금융시장개방이 초래한 경제적 득실을 종합적으로 재검토해야 한다.

향후 크게 전환될 것으로 보이는 새로운 국제적 금융구조 하에서 한국경제가 지금의 개방정책과 이에 관련된 제도와 규제를 어떻게 조정하고 개선하는 것이 가장 바람직한지를 모색할 필요가 있다.

● 한국경제학회, 『경제포럼』, 2008년 가을

2

·

환율 안정화 근본 대책을 세워라

IMF 외환위기 이후 급속한 개방화를 통해 우리경제는 국내 유입 외화가 외국으로 빠져나가는 것보다 더 큰 유입 쏠림 현상을 겪었다. 그러나 최근 세계경제 침체와 불안으로 이전의 쏠림 현상과 반대 방향의 사태가 전개되고 있다. 지금 겪고 있는 외화유출 쏠림 현상은 과거 외화유입 쏠림 현상보다 더 심각한 부작용을 야기하고 있다.

국내 자금의 국외 유출 쏠림은 환율의 과도한 평가절하를 초래하고 이는 다시 국내 물가 상승을 추가적으로 유발하고 있다. 그리고 국내 금융시장에 대한 외국인의 금융투자 축소는 주가 폭락과 금리 상승을 초래하고 있다. 이러한 물가 상승과 금융 불안은 어려운 실물경제를 더욱 위축시키고 있다.

정부 당국은 뒤늦게 문제의 심각성을 인식하고 외화 유출에 따른 원화설하와 원화설하 기대심리를 억제하겠다고 공식 발표하고 나섰다.

일각에서는 이러한 외환시장 개입이 별 실효성을 갖지 못하고 귀중한 외환보유액만 낭비할 뿐이라는 지적이 있다. 하지만 나는 적극적으로 원화절하 억제를 위해 적립한 외화를 사용할 시점이라고 생각한다.

2008년 6월 말 기준 외환보유액이 2,581억 달러에 이르는 만큼 어느 정도 보유 외환이 축소되더라도 외환보유액이 충분하기 때문에 시장 신뢰는 훼손되지 않을 것이다. 그러나 앞으로 환율정책을 원화절상으로 유도하는 과정에서 다음 사항을 특별히 유의할 필요가 있다.

첫째, 원화절상을 유도하더라도 과도한 개입은 바람직하지 않다. 2008년 직면한 우리경제의 구조적 어려움과 더불어 새로운 원화절하 요인으로 작용할 수 있다.

둘째, 물가 급등으로 서민경제가 어렵다고 하여 이를 지원하기 위한 직접적인 수단으로 환율정책을 남용해서는 안 될 것이다. 서민경제 지원은 재정 세제 등 미시 정책으로 이루어져야 한다. 환율정책은 금리, 유동성 정책과 조합을 이뤄 시행해야 할 거시정책이다.

셋째, 정부의 외환시장 개입은 경제 원칙에 충실하고 시장 친화적인 형태로 이루어지도록 해야 한다. 무엇보다도 정부 당국은 외화를 취득할 때 민간 내국인 수요가 부족해 외화를 사게 됐다는 점을 인식하고 민간 경제주체를 대신하여 보유 외화를 관리하고 매각하는 자세를 가질 필요가 있다.

2006년과 2007년에 환율은 달러당 900원대였고 해당 기간에 약 500억 달러에 달하는 외화를 취득했으므로 우선적으로 이 돈 중 일부를 환율상승기에 매각해 환차익을 실현하면서 외환시장 안정화 정책을 수행할 필요가 있다.

넷째, 보유 외화 매각은 과도한 원화절하 억제뿐만 아니라 과잉 유동성 축소, 시장금리 안정 등 우리 거시경제 현안의 해결에도 적극 기여할 수 있도록 운영해야 한다. 우리나라에서는 정부 외환보유액 대부분이 중앙은행 자산으로 되어 있다. 그러다 보니 이 자산의 감소는 중앙은행 부채인 본원통화 감소로 이어진다. 따라서 보유 외화 매각은 환율의 쏠림 현상을 억제할 뿐만 아니라 최근 계속되는 유동성 증가세에도 효과적으로 제동을 걸 수 있다.

이러한 유동성 축소가 너무 크게 되어서 실물 부문에 문제가 될 가능성이 있으면 통화안정증권을 상환해 돈을 시중에 다시 풀 수 있다. 그리고 이와 같은 통화안정증권 상환은 시중 채권 공급물량을 줄여 최근 상승 추세를 보이는 시장금리를 안정시키는 데도 기여할 수 있다.

마지막으로 강조하고 싶은 것은 외환시장 개입에 의한 환율안정은 어디까지나 임시방편이라는 점이다. 정부 당국은 우리경제에 있어 환율 불안의 근원적 원인이 되는 국내외 자금흐름의 쏠림 현상을 완화하는 정책적 노력을 계속해야 한다.

●「매일경제」, 2008년 7월 14일

3

균형 있는 외환정책을 펼쳐라

지금 우리경제는 일기가 매우 불순한 상태에서 망망대해를 항해하는 선박과 같다고 할 수 있다. 더욱이 우리와 가까운 거리에 미국 경제라는 대형 선박이 크게 기우뚱거리고 있어서 그 여파로 출렁거림은 더 커지고 있다.

현재 우리경제의 가장 큰 문제 중 하나는 외화 유출 쏠림 현상과 이에 따른 환율 급등이다. 쏠림 현상의 많은 부분은 미국의 대형 금융부실에서 시작된 세계적 금융경색에서 연유한다.

배는 날씨와 파도에 적응해서 항해할 수밖에 없듯이 우리도 외화 부족과 원화절하를 어느 정도 감수하고 극복할 수밖에 없다. 그러나 배가 한쪽으로 크게 기우뚱거릴 때는 반대편에 균형추 구실을 하는 장치를 마련해야만 한다.

지금 외화 유출을 주도하는 주체의 대부분은 우리나라에서 외화를 팔고 원화를 갖고 운용하다가 다시 그 돈을 외화로 바꾸어 해외로 유출하려고 하는 이들이다.

애초에 그들이 판 외화의 많은 부분을 매입한 국내 경제주체는 민간이 아닌 정부 당국이었다. 정부의 외화 매입은 다량으로 그리고 상당 기간 계속되어 거액의 외환보유액 축적에 이르게 되었다. 이 보유액은 2007년에 2,600억 달러를 상회했고 2008년 9월에는 2,400억 달러에 이른다.

왜 정부는 이런 거액의 외화를 매입하게 된 것인가. 외환시장에서 지금과는 반대 방향의 심각한 쏠림 현상을 완화하기 위해 어쩔 수 없이 매입했던 것이다.

외환위기 이후 개방화의 급속한 진행 과정에서 경상수지 흑자와 함께 외국자본의 급격한 유입 확대는 환율의 과도한 하락(원화절상)을 초래했다. 이러한 쏠림 현상을 억제하고자 정부가 외화 사자 주문을 계속 내왔다.

그런데 이제 우리경제는 그때와는 정반대 방향의 심각한 쏠림 현상에 처하게 되었다. 이러한 상황에서 정책 당국이 외화 사자 주문이 아닌 외화 팔자 주문을 내 그간 적립한 외환보유액을 감소해 나가면서 역쏠림 현상의 완화를 도모하는 것을 무리하고 비정상적인 시장 개입이라고 쉽게 단정할 수는 없을 것이다.

그간 국내 민간 금융회사나 기업 또는 개인이 남아도는 외화를 보유하고 국제 금융시장에서 그 돈을 잘 운영할 수 있는 능력과 경험이 있었다면 정부 당국은 결코 통화관리 비용이 많이 늘고 통화증발 위험성이 높은 거액의 외환보유액을 가질 필요가 없었을 것이다. 결국 정부 당국이 그동안 민간 경제주체를 대신하여 많은 외화를 취득하고 운용하게 되었다는 점을 간과해서는 안 된다.

정부가 환율 과도 하락 시에 싸게 구입한 외화를 환율 과도 상승 시에 비싸게 팔게 되는데 이러한 행위는 시장 흐름에 일치하는 측면도 있다. 물론 우리 외환시장에서 단기 유동외채가 일시에 상환되는 상황을 예상하고 대비하는 것은 필요하다. 그러나 그러한 일을 지나치게 염려하는 것은 결코 바람직하지 못하다. 무엇보다도 단기 외화채무를 일시에 이행해야 할 상황은 매우 극단적인 국제적 사변이 있을 때만 가능한 일이다.

설사 이런 사태가 발생하더라도 그때는 정부 당국의 외환보유액에 더하여 민간 부문이 보유하고 있는 거주자 외화예금과 금융회사들이 보유하고 있는 외화채권 등과 같은 내국인 소유의 외화자산 상당 부분이 시장에 유입될 수 있다. 따라서 현 상태에서는 외환보유액의 부족 리스크 때문에 너무 움츠러들어서는 안 된다.

아무리 심한 폭풍이라도 시간이 지나면 수그러들게 마련이다. 그때까지 폭풍에 따른 시장의 과도한 쏠림을 완화하는 당국의 균형추 역할은 필요하다. 그렇지만 정책 당국은 현재 전개되고 있는 미증유의 대내외 불확실성을 감안하여 그 역할을 최대한 효율적으로 그리고 일관성 있게 수행하여 시장의 믿음을 쌓아나가야 한다. 결코 과욕을 부리고 좌충우돌하는 행태를 보여서는 안 된다.

● 「매일경제」, 2008년 10월 14일

4

·

위기 때 정책 개혁을 할 수 있다

우리나라는 소국개방경제로 수출 의존도가 높고 외국인의 국내 투자는 해외 직접 투자FDI보다는 단기 금융투자 위주이다. 반면 국내 투자자나 금융회사는 국내시장 투자에 치중하고 있어 다른 나라보다 국제적 충격에 더 취약한 상태이다.

2008년 발생한 심각한 글로벌 금융위기의 파장은 한국경제의 취약성을 여지없이 노출시켰다. 이러한 취약성을 배태하는 요인은 구조적인 것이므로 앞으로 계속될 것으로 보이는 대외적 파장은 우리나라의 금융시장과 실물경제를 지속적으로 흔들 것으로 예상된다. 따라서 앞으로 대외적인 충격과 파장을 줄이기 위한 정부 당국의 정책적 노력(특히 거시적인 종합대책)은 다른 나라보다 더 절실하다고 볼 수 있다.

우리나라의 주요 정책자원은 기획새정부, 한국은행(통화신용성책), 금융위원회(국내 금융정책)로 나뉘어 있다. 그런데 이러한 자원을 효율적으로 동원하여 적시에 대응하는 데 적지 않은 문제가 있는 것으로 드러났다. 특히 현재와 같은 형태의 정책업무분장을 실행할 때, 지금 직면하는 것과 같은 초대형 충격을 상상하지 못했을 뿐만 아니라 우리나라의 취약한 개방구조 특성을 제대로 감안하지 못한 것으로 생각된다.

위기상황이 진행되고 있으므로 정책업무분장 상태에서 위기대응 종합대책반을 가동하여 적극적인 정책대응을 할 필요가 있다. 그리고 위기 진정 이후에도 크고 작은 대내외 충격으로 시장 교란이 계속될 가능성이 높으므로 지금부터 정책 수단 관장을 재검토하여 부처간 업무조정을 할 필요가 있다.

부처간 업무조정은 심각한 이해 다툼이 있을 것이므로 그 필요성이 뚜렷하게 나타난 위기 상황에서 추진하는 것이 마찰이 적고 효율적일 수 있다.

부처간 업무 조정은 관련 업무 통합, 업무중복 배제, 그리고 업무책임 명확화 등에 초점을 맞추되 정책효율성 원칙과 견제와 균형의 원칙 둘 다를 감안하여 추진해야 한다. 현실적으로 우리경제의 대외적 취약성이 어느 정도 해소될 때까지는 효율성의 원칙과 견제 균형의 원칙이 서로 크게 상치trade off될 경우 효율성의 원칙을 우선하는 것이 바람직할 것으로 보인다.

대다수 국가들의 역사적인 경험에 비추어보면 위기 시에만 대대적인 개혁이 가능하다는 것이 입증된다. 역사적으로 평상시에는 개혁이 성공한 사례가 거의 없다. 따라서 이번 위기를 기회로 삼아 고비용 및 비효율 구조, 화폐개혁 등 그간 해결하기 어려웠던 정부나 민간 부문의 주요 개혁 추진을 적극 고려할 필요가 있다.

우선 당면위기 극복을 위해서는 핵심 정책 당국인 기획재정부, 한국은행, 금융위원회의 실물 고위 책임자들로 구성된 금융위기 종합대책반을 한시적인 상설기관으로 운용할 필요가 있다. 여기에서 결정된 사항은 기존의 거시경제정책협의회에서 확정되도록 한다.

그리고 이 대책반과 협의회의 주관은 대통령 경제 비서실이 담당하는 것이 바람직할 것이다. 정책공조와·일치성consistency을 효율적이고 시의성 있게 확보하기 위해 정책부서 간의 업무협력과 정보 공유 등에 대한 MOU 체결도 고려할 필요가 있다.

종합대책반의 정책 생산 과정에서 가능한 한 민간 분야 전문가를 중심으로 한 외부 의견 수렴 절차를 거치도록 하는 것이 바람직할 것이다. 특히 위기 대응책은 높은 불확실성에 따른 위험 감수를 전제로 하고 있으므로 명백하고 분명한 귀책사유가 없는 한 정책수립 및 집행에 대한 사후 감사와 책임 추궁을 배제한다는 것을 사전에 명확히 할 필요가 있다. 글로벌 금융위기가 우리경제에 전이되는 것을 막기 위한 긴급 재정의 운용과 금융정책의 기본방향은 다음과 같이 네 가지로 요약할 수 있다.

첫째, 통화 당국의 과감한 유동성 확대(한국은행 대출 포함)와 정책금리 인하이다.

둘째, 정부의 차입 확대(재정증권, 예보채 등)를 통한 과감한 팽창적 재정정책이 요구된다.

셋째, 주요국 간의 통화 스와프 체결과 외평채발행 확대를 통한 외환보유액 증대가 필요하다.

넷째, 주요 국내 상업은행들의 건전성 제고를 위한 과감한 조처(공적 자금에 의한 은행자본의 확충을 포함)와 신속한 기업(금융회사 포함) 구조조정 유도가 필요하다.

마지막으로 현재와 같은 위기 시에 정책업무분장을 조정할 필요가 있음을 다시 강조하고자 한다. 비록 우리경제가 현재 큰 위기에 처해 있지만 위기대응 종합대책반과는 별도로 정부의 정책업무조정에 대한 특별 위원회를 구성하여 추진할 필요가 있다. 물론 위기 시에 이러한 정부업무조정은 조직 이기주의 문제를 야기하여 당면 위기대응력을 훼손할 수 있지만 앞서 지적한 바와 같이 위기 시에만 큰 개편을 효과적으로 실행할 수 있다는 것을 잊지 말아야 할 것이다.

한국경제는 거시적인 충격에 많이 노출되어 있고 이에 따른 취약성이 높다. 따라서 이러한 업무조정 시에는 거시적인 적기대응 능력이 다른 나라보다 더 필요하다는 것을 감안해야 한다. 끝으로 이번에 구성된 위기대응 종합대책반을 위기 이후에는 상설 위원회(가칭 금융시장 안정 상설위원회)로 전환하여 금융시장 안정에 관련한 정책 및 정보를 보고하고 논의하는 것을 제도화할 필요가 있다.

● 국회기획재정위원회 공청회 진술문, 2008. 11. 14.

5

미국경제에 발등 찍힌 세계경제

　각국의 금융시장은 1990년대부터 전례 없는 국제적 통합이 본격화되어 왔다. 세계 각국의 자본시장 자유화 및 각종 금융규제 완화 그리고 인터넷 등 정보통신기술의 혁신 등이 이를 적극 뒷받침했다. 특히 통신 및 정보처리기술의 획기적인 발달로 금융거래비용이 크게 낮아지고 금융정보처리기술의 발전과 국제결제시스템의 구축 등은 전 세계 금융시장을 단일시장으로 통합시키는 추세를 더욱 촉진했다. 이러한 금융시장의 변화는 국가적으로는 물론 세계적으로 실물자원배분과 금융시장의 효율성을 높여 관련 경제 주체의 혜택을 증가시켰다.

　이러한 금융시장의 통합은 금융위험을 국제적으로 전파하고 확대하는 데도 결정적으로 기여하고 있다. 세계적으로 금융시장이 통합된 상태에서는 어느 한 지역 금융시장의 작은 충격도 다른 지역의

시장에 큰 파장을 일으킨다. 그간 우리는 이러한 크고 작은 나비효과를 경험한 바 있다.

이번에는 세계 금융시장에 막강한 영향력을 행사하는 미국 금융시장에서 매우 심각한 금융위기가 발생하였고 이는 국제적으로 엄청나게 큰 나비효과를 유발하게 되었다. 더욱이 이번 충격의 여파는 일회성으로 소멸되는 것이 아니고 연쇄적으로 확대되는 과정을 겪고 있다. 2008년 미국발 금융위기는 세계 금융시장에 위기를 전염시키고 이는 다시 미국의 금융위기를 악화시키고 악화된 미국위기는 다시 세계시장을 악화시키는 위기의 확대재생산 과정에 진입하고 있다.

금융은 실물경제의 혈액에 해당한다. 따라서 금융경색과 금융위기는 실물경제의 침체를 초래한다. 그리고 침체된 실물경제는 다시 금융에 새로운 문제를 일으킨다. 따라서 금융위기의 확대재생산은 실물경제의 침체를 통해 더욱 심화된다.

전 세계적인 금융위기의 확산이 앞으로 어떻게 전개되고 그것이 미국과 세계경제에 어떤 영향을 미칠지를 가늠해보기 전에 먼저 위기의 진원지인 미국 금융위기의 배경을 살펴보자.

미국 금융위기의 핵심 원인으로 과도한 주택가격 상승의 방치, 금융회사 특히 투자은행의 과다차입영업 그리고 정부 당국의 감독 소홀 등을 들 수 있다.

중국 등 신흥국가들은 저임금을 바탕으로 한 고도성장을 추구해왔다. 이에 따라 이들 국가들은 세계제조업공장의 역할을 하면서 저가상품을 미국을 비롯한 세계 각국에 대량으로 공급해왔다. 이 과정에서 세계적인 저물가 구조가 형성되었고 이렇게 인플레 걱정에서 벗어나자 각 나라의 통화 당국은 자국 경제계에서 환영을 받는 저금리 정책을 지속적으로 유지하게 되었다.

그 결과 각 나라의 유동성은 계속 증가하여 과잉상태가 되었고 이것은 금융자산시장과 부동산시장의 과열과 과도한 거품을 유발했다. 과도한 거품은 꺼지게 마련인데 이 거품이 꺼짐에 따라 금융위기가 불붙게 되었다.

미국 등 여러 국가들은 중대한 정책 실패를 했던 것이다. 미국연방은행 총재였던 그린스펀은 미국의회가 개최한 청문회에서 주택가격의 거품과 붕괴 위험을 도외시한 통화정책 실패와 이 위험과 관련된 금융회사들의 투자(특히 모기지 금융)에 대한 감독소홀을 인정한다고 고백했다.

미국 주택시장의 거품이 붕괴하면서 대규모 모기지(특히 서브프라임 모기지) 채권이 부실화되었다. 그리고 이러한 모기지 채권의 부실은 고수익 고위험을 추구하면서도 제대로 위험관리를 하지 않은 모기지 관련 금융회사 및 보증기관의 파산이라는 결과를 낳았다. 또한 이러한 금융회사의 파산은 대형 및 중소은행들이 취급한 파생상품의 가격하락을 야기하여 이들 은행들까지 부실을 가져왔다.

서브프라임 모기지 대출을 해준 금융회사들은 정부감독의 사각지대에서 이를 담보로 다른 금융회사로부터 차입하거나 새로운 채권CDO, CDS 등을 발행하여 추가자금을 조달하고 이를 다시 담보대출금으로 운영하여 과다 차입투자의 위험에 크게 노출되어 있었다.

2008년 3월 말 기준 베어 스턴스Bear Stearns의 레버리지 비율leverage ratio은 33이었다. 파산선고를 받은 리만 브라더스Lehman Brothers의 단기부채는 2008년 6월 말 기준 총 부채의 65퍼센트에 이르렀다. 이와 같이 미국 투자은행들의 차입행태는 상식적으로 이해하기 힘든 수준이었다.

더 놀라운 것은 이러한 상태의 투자은행들과 이들이 취급하는 채권들에 대한 신용평가회사들의 신용평가가 평가 대상만큼이나 부실했다는 사실이다. 이렇게 상식적으로 수긍하기 힘든 모습들로 인해 우리는 정책실패와 관련 개별 금융회사의 경영실패에 더하여 무언가 더 근원적인 위기의 배경을 모색해보게 만든다.

미국 정부가 암묵적으로 자국의 금융산업, 특히 투자은행산업을 국제적 비교우위 산업으로 보고 이 산업이 대내외적으로 활발하게 성장할 수 있도록 특별배려를 하는 과정에서 이 산업의 성장에 걸림돌이 될 수 있는 규제나 감독은 최소화하는 분위기를 조성했다고 추측하는 것이 가능하다. 미국은 제조업보다 금융 서비스산업에 경쟁력을 갖고 있다. 그리고 미국의 GNP에서 이 금융산업이 차지하는 비중은 30퍼센트에 이른다.

미국 정부나 정치권은 국제경쟁력이 있는 금융서비스의 수출을 지원하여 장기간에 걸친 무역수지의 적자폭을 줄이는 것이 국익에 도움이 된다고 판단했을 가능성이 높다. 사실 미국은 각국의 금융시장 개방을 앞장서 주도하였고 경우에 따라서는 해당 국가의 정부에게 무리한 압력도 가하였던 사실을 상기할 필요가 있다.

금융산업이 미국경제의 중요한 효자산업이고 전략산업이라는 인식은 이 산업의 성장에 제약이 될 수 있는 규제나 감독을 느슨하게 하는 데 기여했다. 이러한 우호적인 인식과 지원 분위기에 편승한 금융회사들은 무리한 고수익과 고성장을 추구하여 큰 위험에 노출되었고 이는 결과적으로 금융위기로 이어졌다고 볼 수 있다.

미국과 유럽의 정책대응

저금리 구조의 계속과 이에 따른 주택가격의 과도한 상승은 거의 전 세계적으로 나타난 현상이었다. 각국의 금융시장이 통합된 상태에서 미국의 주택가격 하락에 기인한 금융위기는 다른 나라들의 부동산가격 급락을 유발하면서 세계적인 금융위기라는 큰 화재를 촉발했다.

2008년 미국을 비롯한 각국 정부는 초대형 불길을 잡기 위해 파격적인 조치를 취했다. 미국은 2008년 10월 긴급경제안정화법안 Emergency Economic Stabilization Act, EESA을 통과시켜 7,000억 달러의 공적 자금을 투입하여 금융회사의 부실자산을 떨어내거나 부실금융회사의 자본 확충에 사용하기로 했다. 그리고 은행채무와 기업예금에 대하여 2조 달러 규모의 정부지급보증을 약속했다. 또한 미국중앙은행은 유동성 공급을 더 확대하기 위해 정책금리를 0퍼센트 수준까지 내리는 피격적인 조치까지 고려하고 있다.

유럽 국가들도 금융불안 확산을 막기 위해 공적 자금을 투입하여 상업은행들의 주식을 인수하는 국유화 조치에 나섰고 나아가서 은행 간 대출에 대해 정부의 지급보증 조처를 취했다. 그리고 뱅크 런bank run을 방지하기 위해 예금보장 한도를 철폐하거나 크게 상향 조정했다.

이렇게 각국 정부들이 강력한 조치를 취하고 있지만 아직도 불길은 잦아들지 않고 있다. 여전히 세계 금융시장은 불안과 공포에 휩싸여 요동을 치고 있다.

시장의 경제주체들은 이번의 금융부실은 파생상품이 개입된 매우 복잡한 구조를 갖고 있어 앞으로 추가적인 부실이 얼마만큼의 규모로 일어날지 그리고 어떤 파급을 초래할지에 대해 가늠하기가 어렵다. 이에 따라 관련 금융회사들이 앞으로 과연 살아남을 수 있을지에 대한 의구심을 여전히 갖고 있다고 볼 수 있다. 이러한 불확실성과 실물경제의 추가적인 침체에 대한 우려로 금융시장에서 위험자산의 과도한 투매현상이 계속되고 있다.

정부도 이러한 시장 불안 심리를 완전히 제거할 수 없다. 그러나 미국을 비롯한 주요 국가들은 위기의 심각성을 절감하고 적극 대응에 나서고 있으므로 대형은행의 추가적인 도산 등과 같은 공황사태가 발생할 가능성은 매우 낮다. 그리고 각 나라의 정책 당국은 금융위기의 불길이 실물경제 위기로 번지는 것을 막기 위해 적극적인 노력을 할 것을 분명히 밝히고 있다. 이제 최소한 정부 역할에 대한 시장의 예측가능성은 상당히 높아진 셈이다.

그리고 동시에 미국과 유럽 국가들은 확대재정정책으로 대대적인 실물경제 부양책을 시행하여 시장의 불안 심리를 진정시키는 노력을 할 것이다. 또한 주요국가들은 위기대응을 위한 정책적 공조를 강화하고 있으며 이는 위기의 국제적 악순환을 차단하고 각국 시장의 불안 심리를 진정시키는 데 큰 역할을 할 것이다.

미국경제의 변화와 시사점

앞서 지적한 바와 같이 미국 정부는 금융위기의 확산을 막고 실물경제 위기로 파급되는 것을 강력하게 제지할 것을 공언했다. 그리고 이를 실제 이행할 것으로 보인다. 미국은 이번 사태를 국익이 걸린 중대 사안으로 간주하고 사태해결에 임할 것이다. 따라서 비용에 크게 제약을 받지 않고 필요한 수습대책은 신속하게 실행할 것으로 예상된다.

1930년대 대공황 같은 극단적인 상황이 발생할 가능성 매우 낮다. 특히 미국은 여전히 세계 최고 강대국으로 다른 나라들 (특히 유럽, 일본, 중동 산유국 등)의 협조를 쉽게 이끌어낼 위치에 있다는 것도 유의할 필요가 있다.

그러나 미국경제는 상당 기간 동안 침체국면에서 벗어나기 힘들 것이다. 앞서 언급한 바와 같이 미국에서 금융산업은 국민소득의 30퍼센트를 차지하는 중추 산업인데 이번 금융위기로 크게 침체될 수밖에 없기 때문이다.

특히 부실금융기관의 퇴출 및 금융회사 간의 인수·합병과 같은 금융 구조조정이 대대적으로 이루어지면서 금융부문에서 실업자가 많이 양산될 수밖에 없고 이는 결과적으로 총 소비지출의 감소로 이어질 수밖에 없을 것이다. 또한 금융시장의 자금경색은 당분간 계속되어 기업의 자금조달을 어렵게 하여 기업투자도 위축시킬 것으로 보인다. 그리고 미국의 주택가격이 하락세를 멈추고 안정을 회복할 때까지 앞으로 좀 더 많은 기간이 소요될 것으로 예상된다.

이번 금융위기가 어느 정도 진정되고 난 후에도 쉽게 경기침체에서 벗어날 수가 없을 것이다. 왜냐하면 정부는 위기수습 과정에서 풀었던 과도한 유동성 공급과 재정지출을 위기수습 후에는 축소해야 하기 때문이다. 조만간 미국의 고질적인 재정적자가 1조 달러에 이르게 된다는 사실을 고려할 때 위기 수습 후의 긴축정책은 불가피할 것이다.

금융위기에 따른 미국의 경기침체가 세계경제에 미치는 부정적인 효과 또한 만만치 않을 것이다. 세계 최대 수입국의 하나인 미국에서의 소비와 투자 감소는 주요 국가들의 대미 수출을 축소시켜 경기 침체를 전 세계적으로 확산시키는 역할을 할 것이다. 수출 의존도가 높은 한국도 적지 않은 타격을 입을 것이다.

그간 수출에 의존하여 고도성장을 이루었던 중국경제의 성장세도 상당한 제동이 걸릴 수밖에 없다. 이러한 중국의 성장 감소는 다시 한국의 대중국 수출을 감소시켜 한국경제에 또 다른 부담을 줄 것으로 예상된다. 이와 같은 관점에서 보면 미국 경기와 세계 경기는 향후 짧게는 2년, 길게는 약 3년 내지 4년 동안 침체 국면에서 벗어나기 힘들 것으로 예상된다.

마지막으로 향후 미국 금융산업의 변화를 가늠해보기로 하자. 앞서 지적한 바와 같이 미국의 금융산업은 대대적인 구조조정을 거쳐 새롭게 변모할 것이다. 이 과정에서 금융산업의 단기적인 위축은 불가피하다. 그리고 금융산업은 신뢰가 중요한데 이를 회복할 때까지도 어느 정도 기간이 소요될 것이다.

그러나 미국정부는 금융위기 이후에도 미국의 금융산업이 국제적으로 확실한 비교우위 산업이 된다고 보고 국익 확보차원에서 자국 금융회사들의 경쟁력 강화를 적극 지원할 것으로 생각된다. 따라서 앞으로 미국은 세계 금융시장에서 차지하는 비중은 금융위기 이전보다는 줄어들겠지만 더 탄탄한 경쟁력을 갖추고 금융강국으로 재등장할 것이다. 금융산업의 경쟁력은 인적 물적 인프라가 뒷받침되어야 하는데 미국과 같은 강대국이 갖고 있는 금융 인프라를 다른 나라에서 쉽게 그리고 단기간에 확보할 수 없는 것이 사실이다.

미국은 이번 금융위기를 계기로 금융제도와 감독체계의 전면적인 개편을 단행할 것이다. 이러한 개편은 전 세계의 금융제도와 관행에 큰 영향을 미칠 것이다. 특히 투자은행에 대한 감독실패의 교훈에 기반을 둔 감독체계의 개편, 그리고 이번 금융대란의 중심이었던 파생상품에 대한 규제강화 등이 주요 관심대상이다. 우리나라의 현행 금융제도와 규제는 미국을 모델로 삼은 부분이 많이 있기 때문에 미국의 새로운 개편 내용을 년밀히 지켜보고 우리의 제도를 다시 보완하고 개선해나가야 할 것이다.

우리나라 정부와 금융회사들은 이번에 미국이 어처구니없는 대규모 금융부실로 크게 비틀거렸지만 금융 구조조정 이후 다시 금융 강국으로 반드시 재등장한다는 사실을 결코 잊지 말아야 하며 그때를 대비한 전략적 노력을 게을리해서는 안 될 것이다.

●『국제문제』, 2008년 11월 호

6

위기 극복의 고통을 공평하게 분담하라

2008년 금융위기 이후 한국경제는 이전에 경험하지 못한 전혀 새로운 국면으로 접어들었다. 무엇보다도 40년 이상 한국경제의 성장을 이끌어왔던 수출이 크게 위축되었다. 미국의 금융위기가 도화선이 되어 세계 각국이 동시다발적으로 경기침체의 수렁에 빠져들었는데 이러한 세계적인 경기침체는 대외 의존도가 높은 한국경제에 난제를 안겨줬다.

더불어 한국경제는 개방구조의 부작용으로 크게 기우뚱거리고 있다. 주지하는 바와 같이 IMF 외환위기에서 벗어나는 과정에서 금융개방을 졸속이라고 할 정도로 급히 추진했기 때문이다. 그 결과 내국인은 능력과 경험 부족으로 해외 투자를 제대로 못해 우리경제는 외국자금의 유출입에 크게 영향을 받게 되었다. 특히 외국자금은 호황일 때 밀물처럼 들어와 과열과 거품을 일으키고 지금처럼 어려

울 때는 썰물처럼 빠져나가 침체를 더 악화시키는 부정적인 역할을
한다.

한국경제 진단에 있어 빠뜨릴 수 없는 것은 그 어느 때보다도 심
각한 국민들의 불안과 좌절감이다. 그간 역대 정부나 정치권은 국민
경제의 위험을 관리하면서 체질 개선을 제대로 하지 못했다. 이에
따라 국민들은 장기간 실망과 좌절을 느껴왔다. 이러하니 갑자기 지
금과 같은 심각한 충격에 접하면 국민들의 불안은 더욱 증폭될 수밖
에 없다. 이제 정부는 한국경제가 처한 상황의 배경과 그 심각성을
제대로 인식하여 지체하지 말고 혁신적인 대응을 해나가야 한다.

무엇보다 환율안정에 적극적으로 대응해야 한다. 우선적으로
한 · 미 통화 스와프 한도를 크게 늘리는 노력을 해야 한다. 한국의
외화부족은 한국경제의 기초체력에 기인하기보다는 미국 등 선진국
의 요구에 따라 급하게 추진한 금융개방의 부작용에 기인한 측면이
크다. 이러한 사실을 안보 우방국인 미국에 강조해 달러 스와프 한
도 확대를 적극 요청해야 한다. 이것이 성사되면 국제금융시장에서
의 국채(외평채) 발행을 즉각 추진하여 적시에 외환보유액을 추가 확
충해야 한다.

원화의 유동성 부족과 유통속도 하락 문제도 획기적으로 개선해
야 한다. 한국은행 대출의 추가 확대와 법정 지준율 인하 등도 고려
해야 한다. 신용보증기금의 확충, 은행자본에 대한 공적 자금 투입
도 준비해야 하며 동시에 위기 시 금융기관의 대출심사기능을 제도
적으로 보완해야 할 것이다.

그리고 기업이나 사업자들은 각종 비용을 획기적으로 절감하여 가격경쟁력을 확보해야 한다. 전 세계인의 소득과 자산이 크게 줄고 있는 점을 감안하면 소비와 투자의 지속적 감소는 불가피하다. 따라서 경영주나 근로자들은 이윤과 임금의 하향조정을 받아들일 수밖에 없는 상황을 분명히 인식해야 한다.

정부와 지도층은 불안해하는 국민들을 안심시키는 상황에 각별히 노력해야 한다. 지금 단계에서 구체적 내용 없이 말만으로는 아무런 효과가 없다. 한국경제의 주요 걱정거리를 더 구체적으로 제시하고 그 대응책을 종합적으로 확실하게 집행하고 관리해야 한다.

위기 극복에는 불가피하게 많은 비용과 고통이 따른다. 정부는 각계각층이 비용과 고통을 어떻게 공평하게 분담하면서 이 난관을 극복할 것인지를 제시하고 위기 극복에 대한 국민들의 적극적인 동참을 요구해야 한다.

● 『경향신문』, 2008년 12월 2일

7

경기 회복 이후를 위한 정책을 세워라

2009년 6월 한국경제는 글로벌 경제위기를 다른 나라에 비해 잘 견뎌내고 있는데 그 주된 배경으로 세 가지를 들 수 있다.

첫째, 정부의 위기대응이 시기적으로나 그 내용에 있어서 적절했기 때문이다. 동원된 재정 및 금융수단이 효과를 발휘했다. 그리고 미 연방준비은행과의 통화 스와프 체결 등 국제적 협력을 끌어낸 것도 중요한 정책 성과임에 틀림없다.

둘째, 글로벌 금융위기 전개에 따라 한국시장에서 외국자본의 유출이 과도하게 일어나 금융시장을 뒤흔들었다. 하지만 이는 역설적으로 우리경제의 회복에 상당한 도움을 주었다. 외국자본의 과도한 이탈은 원화의 큰 평가절하를 유도하였고 이는 수출증대 그리고 기업의 수지개선에 도움을 주었다. 군집 행태를 보였던 외국자본의 이탈은 오버슈팅overshooting*을 하게 되었고 이는 다시 최근 외국자본의 유입 쏠림을 반동적으로 초래하고 있다. 이러한 현상은 외환 및 금융시장의 안정을 유도하였고 외환보유액 확보에도 기여했다.

셋째, 한국의 수출 감소가 여전히 계속되고 있지만 중국, 인도 등의 국가들이 글로벌 금융위기 중에도 선방을 하고 있어 이들 국가들과 무역거래가 많은 한국경제는 다른 국가들에 비하여 수출 및 생산 감소의 파장을 덜 겪게 되었다.

앞으로도 우리경제의 회복은 세계 경기 상황에 크게 영향을 받을 수밖에 없는데 주요국의 적극적인 노력으로 세계경제는 이제 걷잡을 수 없는 단계에서는 벗어났다. 2009년 하반기 말에는 상당히 나아질 것으로 보인다. 자본재수입, 재고감소, 장단기금리차 등의 경기선행변수들이 경기호전을 가리키고 있다.

그러나 이러한 개선이 어느 정도 지속 가능한지는 아직 분명하지 않다. 최근 들어 수출이나 산업생산의 감소폭은 줄어들고 있지만 여전히 수출과 생산은 각각 20퍼센트와 10퍼센트 수준의 하락세를 보이고 있다. 이러한 하락세는 글로벌 경기침체로 인해서 당분간 큰 반전을 기대하기 어렵다. 이러한 수출과 생산의 감소는 소득, 투자, 일자리의 감소로 이어져 본격적인 경기회복의 걸림돌이 될 것이다.

위기대응 과정에서 확대된 유동성과 재정지출은 경기회복의 시작에는 도움이 되었지만 경기회복의 본격화에는 큰 장애물이 된다. 경기가 어느 정도 나아지게 되면 정책 당국은 유동성과 재정자금 환

---

* 상품이나 금융자산의 시장가격이 일시적으로 폭등·폭락했다가 장기균형수준으로 수렴해가는 현상.

수에 적극적으로 나서야 하기 때문이다.

글로벌 금융위기 이후에는 우리경제에 새로운 대외 환경과 질서가 자리 잡게 되는데 이러한 새로운 여건에 따라 각 부문의 구조조정이 불가피하다. 특히 기업과 노동부문의 대대적 구조조정이 진행되어야 한다. 이 과정에서 갈등과 실업문제가 대두되고 이러한 상황은 경기의 본격적인 회복에 적지 않은 장애요소가 될 것이다.

앞으로 단기적인 경기 회복에는 내수보다 수출이 더 유효할 것 같다. 단기적인 내수활성화를 위한 노력은 이미 다한 것으로 보인다. 지속적이고 내생적인 내수 확대를 위해서는 제도적이고 관행적인 개편이 필요하다. 이는 중장기적 과제이다. 당국은 단기적 내수활성화는 정부의 재정지출이나 통화증발이라는 비용을 감수해야 한다는 것을 명심하고 과도한 내수활성화 정책을 자제할 필요가 있다.

알려진 바와 같이 그간 정부는 위기에 대응해서 급한 대로 일자리 나누기job sharing, 인턴 등 임시적인 일자리의 확대에 노력했다. 그 상황에는 이러한 노력도 필요했다. 그러나 위급상황을 넘긴 이후에는 보다 지속 가능한 일자리 창출에 몰두해야 한다.

지속 가능한 일자리는 지속 가능한 기업에서 창출된다. 이러한 기업은 새로운 경제환경에 적응해나가는 기업만이 될 수 있다. 따라서 노사가 유연하게 협력하여 새 시대에 맞는 구조조정을 하는 것이 바로 지속 가능한 일자리를 확보하는 일이다. 정부는 이러한 노사협력에 의한 구조조정을 원활하게 할 수 있도록 법적 제도적 지원을 다해야 한다.

향후 정책 당국은 물가상승과 실물자산의 거품 가능성을 특별히 예의 주시해야 할 것이다. 최근 나타나고 있는 장단기 금리 스프레드(spread, 위험가중 금리)의 상승은 경제 주체들이 이미 미래의 인플레를 예상하고 있다는 것을 방증한다. 특히 우리경제에 있어서 과잉유동성 존재와 원자재에 대한 국제적 투기열풍 가능성은 인플레 위험을 부추기고 있다.

무엇보다도 우리경제는 이번 위기 이전에도 해외 부문을 통한 통화증발에 시달려왔는데 그것을 제대로 수습하기도 전에 이번 위기의 탈출을 위해 통화 당국이 대대적으로 통화팽창을 감행할 수밖에 없었다. 이에 더하여 앞서 지적한 바와 같이 최근 다시 많은 외국 돈이 국내에 지속적으로 유입되고 있다. 따라서 향후 과잉유동성 문제는 매우 심각한 정책과제가 된다는 것을 결코 잊어서는 안 된다.

위기극복을 위한 그간의 추경편성 및 집행 등 정부의 재정정책은 적절했다. 시의적으로나 규모 면에서나 그렇다. 그러나 재정이라는 실탄을 사용하는 데는 그 비용을 항상 고려해야 한다. 특히 이번의 재정확대 정책으로 정부의 재정적자는 GDP 대비 5퍼센트에 이르게 되어 정부의 부담이 커지게 되었다. 따라서 현재 경제 여건이 예상보다 일찍 개선되는 측면이 있으므로 향후 집행될 재정자원은 그 효과를 재평가하여 보다 효율적으로 관리되도록 해야 할 것이다.

앞으로 정부가 더욱 적극 추진해야 할 사항은 서비스산업의 육성이다. 특히 서비스산업에 있어서 기업의 진입, 퇴출장벽의 제거, 경쟁을 제한하는 규제와 관행을 크게 개선할 필요가 있다. 그중에서도 교육, 의료, 문화 산업 등 부가가치가 높고 파급효과가 큰 서비스산업을 먼저 중점 육성해야 할 것이다.

이러한 서비스산업의 발전과는 별도로 그간 한국경제가 키워 왔던 수출경쟁력을 새로운 여건에 최대한 활용하여 새로운 시장개척에 소홀해서는 안 될 것이다. 특히 선진국들과는 달리 중국, 인도 등 신흥국들은 2009년에 높은 성장이 예상되므로 우리 기업들은 이러한 국가들에 대한 수출증대에 집중해야 한다. 또한 원유 등 원자재 가격의 상승추세는 앞으로 계속될 가능성이 높으므로 산유국 등에 대한 수출과 건설사업 진출 등에도 보다 적극적으로 노력해야 할 것이다.

● 『파이낸셜뉴스』, 2009년 6월 21일

8

단기 환율 운영 전략을 재검토하라

최근 정책 당국이 거액의 외화外貨 매수 주문을 내면서 원화 환율 하락(원화 절상)의 억제에 적극적으로 나서고 있다는 보도가 전해졌다.

그간 단기간에 상당한 폭의 환율 하락이 이루어져 부담스러운 것은 사실이다. 그러나 현 시점에서 당국이 이전처럼 적극적으로 환율 하락 억제에 나서는 것이 과연 바람직한지는 숙고해볼 필요가 있다.

이명박 정부는 출범 이후 과도한 원화 환율 하락을 적극적으로 억제하는 정책을 추진해왔다. 적지 않은 논란이 있었지만 기본적으로 적절했다고 본다. 이번 금융위기 극복 과정에서 이러한 환율 정책은 기업의 대외 경쟁력을 높여 수출과 금융시장 안정에 크게 기여했다. 그리고 앞으로도 이 정책의 기본 틀이 당분간 유지되는 것에 동의한다.

그러나 금융시장의 안정과 경기 회복의 전기가 어느 정도 마련된 지금, 이전과 같은 단기적인 환율 운영 전략은 재검토할 필요가 있다. 어떤 정책도 득과 실을 유발한다. 그리고 그 득과 실은 계속 변화하기 마련이다. 따라서 환율 전략도 부단히 재점검을 받아야 한다.

물론 당국이 환율 하락 억제에 나서는 것은 아직 경기가 본격적으로 회복되지 않는 상태에서 수출기업의 대외 경쟁력이 악화될까 우려하기 때문일 것이다.

이제는 이러한 정책에 따른 비용 부담에 보다 유의할 때이다. 정책 당국이 원화 환율의 하락을 막기 위해서는 외화를 매입해야 한다. 현재 정부가 보유하고 있는 외환보유액의 대부분은 이렇게 사들인 외화이다. 정부의 외환보유액은 글로벌 금융위기로 2008년 말에 2,012억 달러로 줄어들었다가 단기간에 크게 증가하여 2009년 9월 말 현재 2,500억 달러 수준을 넘어서고 있다. 이는 위기 전의 최고 수준에 근접한 것이다. 그리고 연말까지는 외환보유액이 2,700억 달러를 상회할 것이라는 전망도 나오고 있다.

현재 국제금리는 초超저금리 상태라서 외환보유액을 운용하는 데 따른 수익률은 매우 낮다. 반면 외환보유액 확보를 위해 발행한 국내 채권(통화안정증권 등)의 금리는 경기 호전에 따라 계속 오르고 있다. 외화 매입을 위한 자금 조달 비용은 높은데 외화의 운용 수익률은 낮은 것이다. 이에 따라 외환보유액의 관리에 따른 재정財政 부담이 적지 않게 불어나고 있다. 결국 이것은 그간 크게 늘어난 정부의 재정 부담을 가중시키는 역할을 하게 될 것이다.

우리나라의 경우, 당국의 외화 매입 과정에서 먼저 발권력이 동원되는 경우가 많다. 따라서 외환보유액의 급증은 국내 유동성 증발의 위험성도 갖게 된다. 특히 글로벌 금융위기에 따라 채택한 '양적 완화 정책'을 당분간 계속 유지할 수밖에 없는 상황을 고려하면 이 위험성에 대한 부담은 가중된다.

더구나 시장에서는 이미 세계적인 약(弱)달러 추세와 경상수지의 흑자유지 전망 등에 근거하여 원화 환율이 당분간 하락할 것이라는 기대가 팽배해 있다. 그만큼 환율 하락 억제가 쉽지 않을 것이란 이야기다.

또 하나 주목할 것은 글로벌 위기의 여파로 원화 환율이 크게 높아졌을 때 많은 외국 자금이 국내에 유입됐다. 그때 유입된 자금의 상당 부분은 환(換)차익을 염두에 두고 있었다는 것이다. 따라서 앞으로 원화 환율의 하락이 어느 정도 실현되면 이 같은 자금이 반대로 해외로 빠져나갈 수 있다. 물론 이는 향후 원화 환율의 하락 억제 혹은 상승에 기여할 수 있다.

이러한 상황을 감안할 때 이제는 당국이 이전보다는 더 유연하게 환율정책을 운용해야 할 시점에 이르렀다고 할 수 있다. 당국은 앞으로 원화 환율의 단기적인 하락을 보다 적극적으로 수용하는 입장을 취해 외환 정책 운용의 비용과 부담을 적절히 줄여나갈 필요가 있다.

● 「조선일보」, 2009년 10월 8일

9

위기극복의 총사령탑, 비상경제대책회의

2009년 11월 OECD경제협력개발기구는 글로벌 금융위기로 다 함께 크게 침체된 OECD국가들 중 한국경제가 가장 빠르고 강력한 회복세를 보였고 앞으로도 그 추세는 이어질 것이라고 전망했다.

이러한 한국경제의 성공적인 위기극복에 총사령탑 역할을 한 것이 비상경제대책회의(이하 비상회의)였다. 비상회의는 출범 후 1년 동안 40차례에 이르는 회의를 하였으며 거의 상설기관처럼 가동되었다. 그리고 이 회의에서는 우리경제 각 부문의 주요 현안들이 거의 빠짐없이 다루어졌다. 무엇보다 이 회의가 위기국면에 적시성과 실효성을 가지고 대응할 수 있었던 것은 행정부의 수장인 대통령이 분장되어 있는 각 부처 간의 정책업무를 총괄하여 효율적으로 지휘했다는 사실에 기인한다.

사상 초유의 세계적 위기의 파장이 아직 계속되고 있는 상태에서 비상회의가 당분간 그 역할을 계속하기로 한 것은 옳은 결정이다. 2009년 경기회복 동력은 재정에 크게 의존했다. 2010년에는 민간부문의 내생적인 투자나 소비 활성화로 경기회복세를 이어나가야 한다. 따라서 2010년 비상회의에는 이전보다 더 어려운 과제가 주어졌다고 볼 수 있다.

2010년에는 보다 더 적극적이고 과감한 민간부문 경제 활성화 대책을 강구하고 실천해야 한다. 특히 국내기업의 투자나 외국기업의 국내 투자 그리고 나아가서 지속 가능한 일자리 확대를 촉진할 수 있는 획기적인 방안을 계속 모색해나가야 할 것이다.

그리고 앞으로 비상회의가 보다 집중해서 다루어야 할 사안은 산업구조의 재편성(특히 수출 산업과 내수 산업의 불균형 개선문제 등), 주요 경제부문(공공, 노동, 기업, 금융부문 등)의 후진적인 고비용-저효율 구조의 개혁, 그리고 신성장동력산업의 구체적 확충 방안 등과 같은 한국경제의 근본적인 체질개선 과제이다.

우리경제는 이제 어느 정도 본격적인 경기회복세의 궤도에 들어섰다. 이에 따라 다른 국가들보다 여유를 갖고 이러한 구조적 개혁과 미래성장모형의 구축과 실행에 적극적으로 나설 수 있게 되었다.

비상회의가 비상사태에 대응하여 한시적으로 운용되고 있는 것은 사실이다. 그러나 이 시점에서는 대통령의 진두지휘 아래 강력한 추진력을 가진 이 회의에서 구조개혁과 한국경제 체질개선에 대한 정부의 기본계획이 결정되도록 하는 것이 효율적이라고 생각된다.

이리한 과제의 추진에는 많은 이해관계가 얽혀 있고 또한 여러 가지 갈등을 만들 수 있으므로 관계 부처 간의 원만한 조정과 함께 일반 공청회 등을 통하여 과제추진의 필요성과 방향에 대한 국민적 동의national consensus를 구하는 것도 소홀히 해서는 안 될 일이다.

● 2009년 12월

10

●

과잉유동성 축소에 박차를 가하라

인도, 호주 등 몇 나라가 금리인상을 단행했다. 한편 최근 G20 재무장관회의에서 금리인상과 같은 출구전략은 각국의 사정에 따라 개별적으로 시행하기로 합의했다. 여기에다 2010년 4월 말에는 1분기 한국의 경제성장률이 예상보다 높은 전년 동기 대비 7.8퍼센트, 전 분기 대비로는 1.8퍼센트에 이른다고 발표됐다. 이러한 일련의 사항들을 배경으로 기준금리 인상과 재정지출 축소를 포함한 본격적인 출구전략에 대한 논의가 다시 분분해지고 있다.

출구전략 중 재정지출 축소는 그간 단계적으로 진행돼왔다. 이제 경기회복세가 예상보다 더 강한 모습을 보이고 있으므로 재정지출 축소는 당초 계획보다 좀 더 앞당겨 보다 엄격히 실행돼야 할 것이다.

문제는 금리인상이다. 기준금리를 2퍼센트 수준으로 1년 이상 유지하는 것은 자금 흐름, 배분의 왜곡, 물가상승, 자산거품 등을 유발할 수 있어 상당히 부담스러운 측면이 있다. 그러나 여기서 유의할 것은 현 상태에서는 금리를 조기에 인상함으로써 새로이 한국경제가 감수해야 할 부담이 금리조정을 이연하고 있을 때 감수해야 할 부담보다 더 크다는 점이다.

2010년 5월 기준 한국경제에 가장 부담되는 것 가운데 하나는 원화 환율이 너무 빨리 떨어지고 있다는 점이다. 최근 매월 주식시장과 채권시장에 약 10조 원의 자금이 해외로부터 들어오고 있다. 이 상태에서의 금리인상은 외국인의 채권 수요를 더욱 부추기게 된다. 이는 다시 환율 하락(원화절상)을 유발하게 돼 이미 속도를 넘어서고 있는 환율 하락을 더욱 악화시킬 것이며 이는 또 외환보유액 증대를 유발하게 된다.

그리고 외환보유액의 증대는 통화안정증권이나 외평채와 같은 국·공채의 새로운 발행을 수반하게 된다. 이것은 다시 새로운 시장금리 상승 → 외국인 채권투자의 추가적인 확대 → 환율 하락의 가속과 같은 악순환을 유발할 수 있다. 따라서 원화절상 부담이 가중되고 있는 시기의 금리인상은 한국경제에 심각한 부작용을 낳을 수 있다는 점을 유념해야 한다.

현재 금리인상 문제에 있어서 다른 하나의 무거운 부담은 금리조정이 부동산 시장에 미치는 부정적인 효과다. 그간 부동산 가격이 지나치게 올라 우려스러웠지만 최근에는 경기회복에도 불구하고 부동산 자산시장은 불안한 침체 상태다. 이 상황에서의 금리인상은 부동산 시장과 과다차입 상태인 가계에 상당한 압박을 야기할 수 있다. 그러므로 금리인상 전에 적절한 조치를 먼저 강구할 필요가 있다.

그 반면 그간 저금리 지속으로 우려했던 물가상승은 예상 밖으로 낮게 나타나고 있다. 2010년 3월 소비자물가는 전년 동월 대비 2.3퍼센트 상승에 그쳤다. 그리고 최근 실물시장이 강한 회복세를 보이고 있지만 그것은 정부지출 확대에 힘입은 바가 크고 민간의 자생력은 아직 확신하기에 이르다. 또한 한국경제는 그리스 재정위기와 같은 글로벌 충격에 여전히 크게 노출돼 있다는 사실을 잊어서는 안 될 것이다.

이렇게 볼 때 현 상황에서 금리인상을 실행하는 것은 적절치 않다. 그러나 통화 당국은 금리인상을 이연하더라도 전체 유동성 규모의 축소에 더 박차를 가할 필요가 있다. 최근 중국이나 미국이 금리인상을 미루고 필요 지급준비율을 올리거나 지급준비금에 대한 이자를 지급해 총유동성 감축을 도모하고 있는 사실을 한국의 정책 당국도 적극 참고해야 한다.

외국인 등이 주도해 채권수요 확대가 계속되는 최근의 국내시장 상황을 감안할 때 유동성 축소 조치는 시장금리에는 매우 한정적인 영향만 미칠 것이다. 그렇지만 이 조치는 염려되는 통화가치 하락 기대심리를 안정화시키고 정책 당국에 대한 시장의 신뢰를 높이는 데 분명히 기여할 것이다.

● 「문화일보」, 2010년 5월 3일

11

외국자금과 외환시장의
밑바닥 흐름을 주시하라

한국경제의 유별난 특징 중 하나는 높은 무역의존도와 금융시장 개방도일 것이다. 최근 자료에 의하면 한국경제의 무역의존도는 G20 국가들 중에서 가장 높은 것으로 나타났다. 자본시장 개방도도 국제적으로 상위권에 속한다. 이런 특성 때문에 한국경제는 다른 국가보다 대외적 여건 변화에 더 민감한 모습을 보였다. 특히 그간 한국경제는 외국자금의 유출입 쏠림 현상과 이에 따른 환율 급등락에 휘둘려왔으며 앞으로도 이러한 사태의 반복을 배제하기 어렵다.

최근의 글로벌 금융위기 시에도 한국은 다른 나라들보다 더 심한 외국자금 유출이 나타나 큰 홍역을 겪었다. 그러나 다행히 정부와 기업의 시의적절하고 결단력 있는 대응 그리고 상대적으로 유리한 대외 여건의 전개 등에 힘입어 큰 폭의 수출 증가와 함께 경기회복을 빠르게 이루어낼 수 있었다.

한국경제는 어느 정도의 여유를 되찾기도 전에 다시 새로운 위험에 직면하게 됐다. 이는 외국인의 주식 및 채권 투자자금, 은행의 외화차입금 등 글로벌 금융위기 시 급격하게 유출된 거액의 외국 단기자금이 최근 급속도로 유입되는 데 따른 것이다. 2008년 말 3개월 동안 약 700억 달러가 유출됐는데 2009년 초 이후 2010년 10월까지는 약 900억 달러 이상이 유입되었다.

이 자금 유입이 우리경제의 기초가 개선돼 이루어진 것이라면 문제될 것이 없다. 그러나 자금 유입의 주된 배경 중 하나는 글로벌 금융위기 수습을 위해 각국에서 풀린 많은 부동자금이 특정 국가에 몰리는 금융 쏠림 현상에 있다. 특히 이러한 세계의 과잉유동성이 상대적으로 높은 회복세를 보이는 한국 등 신흥시장 국가로 쏠리는 불안정한 군집 행태를 보이고 있다.

무엇보다 문제가 되는 것은 이 현상이 우리 금융시장, 특히 외환시장의 불안정과 가격 왜곡을 초래한다는 점이다. 그리고 이것은 세계적인 약달러 추세와 위안화 절상, 엔고 압력이 점증하고 있는 최근 상황에서 원화 가치의 과도한 상승 압력으로 연결되고 있다.

정책 당국은 그간 급격한 원화 절상 방지 및 외환시장 안정을 위해 적극적인 노력을 경주해 상당한 성과를 이뤘다. 그러나 앞으로가 문제다. 특히 외환보유액의 꾸준한 확대와 이에 따른 공채 공급 증대는 정책 당국에 큰 부담을 야기한다. 결국 최근의 대내외 상황 전개는 당국이 운신할 수 있는 폭을 이전보다 축소시키고 있다고 봐야 할 것이다.

각 경제주체, 특히 무역 업계는 원화 절상에 더욱 적극적으로 대처하는 유연성을 발휘하는 동시에 긴 호흡으로 외국자금의 흐름과 이에 따른 외환시장 추이를 주시해야 할 것이다. 특히 보유자산 운용을 원화 위주로만 할 것이 아니라 원화 가치가 높아질 때(원화 절상 시) 외화 보유를 확대해 원화 가치가 하락할 때(원화 절하 시)를 대비할 필요가 있다.

이러한 민간의 외화자산 보유와 운용 방식은 원화 가치의 급격한 변동 억제에 어느 정도 기여할 것이다. 따라서 앞으로 정책 당국은 이러한 관점에서 민간의 외화 보유 확대를 유인하는 각종 정책적 방안을 적극 강구해 시행할 필요가 있다.

● 『월간 무역』, 2010년 10월 호

제4장
첫 번째 위기, IMF 외환위기

1

IMF 외환위기와 과속 개방

1997년 외국 언론들은 한국경제 위기의 주된 요인으로 과다 차입경영, 외형위주 기업 확장의 무분별성, 정부의 무능, 비도덕적인 정경유착을 집중적으로 거론하면서 한국경제의 약점과 어두운 측면을 냉혹하게 지적했다.

물론 이들이 지적한 우리의 잘못은 결코 변명할 수 없는, 따라서 우리가 1차적으로 극복해야 할 사항이라는 것을 부인할 수 없다. 자존심 상하고 수치스러워도 외국인들이 온당하게 지적한 것은 그대로 수용하여 시정해야 한다.

우리는 여기서 한 가지 분명히 할 것이 있다. 이 위기의 핵심 원인 중 하나가 간과되거나 은폐되고 있다는 점이다. 이것은 바로 금융 및 경제 개방의 과속이다. 이상하게도 많은 외국 언론들은 위기의 다른 핵심요인을 예리하게 파헤치면서도 그간의 금융개방 과속에 따른 부작용 문제는 도외시하고 있다.

그간 우리경제의 금융개방 가속화는 자본유입 일변도라는 감당하기 어려운 불균형을 낳았고 이는 통화 및 대출증발과 이에 따른 고금리 구조의 고착을 초래했으며 결과적으로는 금융기관 부실채권 확대와 금융위기 촉발에 주도적인 역할을 했다.

기업의 구조조정이 제대로 이루어지지 않은 상태에서 수입의 대폭적인 개방은 국내 기업의 급격한 채산성 악화를 유발했다. 대내외적 균형을 못 이룬 상태에서 개방의 가속화가 많은 혼란과 위기를 초래한다는 것은 이론적으로 뿐만 아니라 이미 여러 다른 나라들의 실제 경험에 의해서 입증된 바 있다.

일본은 집요한 대외 개방 압력에 결코 굽히지 않고 자국의 수준에 맞게 단계적 개방화를 추진했다. 물론 일본도 거액의 금융기관 부실채권 문제로 어렵지만 우리와는 거리가 멀다.

우리는 일본과 비교할 때 어떠했는가. 미국을 위시한 선진국은 우리에게 일본보다 더 강도 높은 개방 압력을 가했다. 우리는 이에 끈질기게 대응하지 못하고 여건이 마련되지 않은 상태에서 성급하게 개방요구를 대부분 수용해버렸다. 이제 와서 보면 개방요구를 수용한 결과 오늘의 심각한 위기가 발생했다.

IMF는 우리에게 구제금융을 제공하는 조건으로 긴축 경제 운용과 부실 금융기관 정리 외에 단기 채권시장의 조기 개방, 외국인의 국내 금융기관 인수·합병 허용 등 추가적인 금융개방의 가속화를 요구하였고 이번 합의문을 통해 거의 관철되었다.

재정지출을 줄이고 부실 금융기관을 통폐합하고 기업의 구조조정을 촉진하고 나아가서 정경유착을 근절하는 것은 IMF의 요구와 관계없이 이번 기회에 우리가 반드시 추진해야 할 과제이다. 그러나 현 난국의 발생요인 중 하나인 과도한 금융개방을 다시 가속화하는 것에 대하여 깊은 우려를 표하지 않을 수 없다.

우리경제와 금융의 구조조정이 이제 본격적으로 실행되더라도 정착되는 데는 상당기간이 걸릴 것이다. 이 시점에서 먼저 금융개방을 가속화하는 것은 우리경제를 다시 한 번 감당할 수 없는 대외적 충격과 교란에 노출하는 것이다.

급격한 외자유출에 대해 단기적으로 정부와 기업이 할 수 있는 것이 전무하다는 것을 이번에 뼈저리게 체험했다. 그리고 급격한 외자유입의 경우에는 이전에 경험했던 통화증발, 인플레, 고금리 등 심각한 부담을 또 다시 피할 수 없다. 따라서 이러한 대외적 교란은 향후 한국경제의 희생에 결정적 장애요소로 작용할 것이 분명하다. 경우에 따라 위기의 재발도 초래할 수 있다.

경제 개방은 궁극적으로 지향해야 할 길이다. 그러나 그 개방은 우리경제가 소화할 수 있게 단계적으로 진행해야 한다. IMF는 적정 수준의 개방이 어느 정도인가를 다시 한 번 신중하게 평가해 결코 무리한 개방을 요구해서는 안 된다. 한국경제의 무리한 개방은 결국 어느 누구에게도 이익이 되지 못하기 때문이다.

●1997년 12월 4일

2

한국의 금융시스템은
금전등록기에 불과한가

얼마 전 미국 MIT대학의 돈 부시 교수는 세계적인 경제주간지인 『비즈니스위크』의 한 기고문에서 '한국의 금융시스템이 금전등록기에 불과하다'고 혹평했다. 그는 이 기고문에서 재벌 중심의 산업구조와 더불어 이러한 금융시스템이 한국경제 파탄의 주범이라고 지적했다. 이러한 평가는 약간 지나친 측면도 있지만 결코 크게 과장된 것도 아니다.

금전등록기는 단지 기계일 뿐이다. 그 기계에는 어떤 경제적 판단이나 책임의식이 존재하지 않는다. 단지 외부의 조작에 따라 계산하고 돈의 입출을 이행, 기록하는 기능만 수행하고 있을 뿐이다.

우리나라 금융시스템이 금전등록기 기능만 했다는 것은 바로 돈의 흐름에 있어서 경제적 판단이나 금융기관의 자기책임의식이 배제되고 외부의 지시에 따라 수동적으로 작동되는 기계적인 시스템만 존재했다는 것을 의미한다. 왜 우리 금융이 이렇게 형편없는 평가를 받게 되었는가. 그 배경을 여러 측면에서 찾아볼 수 있지만 주된 요인은 그간의 관치금융 혹은 정치금융政治金融일 것이다.

물질적으로나 정신적으로 엄청난 국가적 개인적 손해를 보고 있는 현 경제 파탄의 상황에서 확실하게 벗어나는 방법은 바로 파탄으로 몰고 간 원인을 제거하는 것이다. 따라서 우리는 가능한 한 빨리 금전등록기 수준의 금융시스템에서 벗어나 경제원칙에 입각한 정상적인 금융시스템을 구축하는 것을 국가의 최우선 과제로 삼아야 할 것이다.

김대중 정부는 취임 후 위기 탈출을 위해 노·사·정 합의 등 혁신적인 노력을 하여 상당한 성과를 거두었다. 그러나 문제의 핵심인 금융시스템의 정상화 작업은 지체되거나 소홀하게 취급되고 있다.

금융시스템이 기계적인 수준에서 경제적 사고와 책임의식을 갖게 되는 수준으로 변화하기 위해서는 무엇보다도 금융기관의 인사와 경영이 자기책임하에서 이루어지도록 해야 한다.

1998년 2월 말에 끝을 맺은 금융기관들의 주총에서 나타난 바와 같이 아직도 우리 금융은 자기책임하에 판단하고 결정하는 모습을 보여주지 못했다. 정부의 지시를 이행하기 위해 은행주주총회를 지연하거나 정회하는 소동을 벌이고 정부가 금융기관 경영과 무관한 경력을 가진 정부공무원을 시중은행의 임원으로 선임할 것을 요구하는 것 등은 이미 확인된 사실이다.

물론 이번에 크게 문제가 되고 있는 시중은행은 거액의 정부출자로 정부가 대주주가 된 서울은행과 제일은행이다. 그러나 정부 대주주는 민간 대주주와는 다른 형태를 보여야 한다. 즉 정부의 의사표시는 공평해야 하고 어떤 개인이나 그룹에게 특혜나 불이익을 주어서는 안 된다.

특히 정부는 반대의사나 이의를 제기할 수 있는 충분한 시간적 여유를 가질 수 있도록 사전에 의사를 표해야 한다. 주주총회 5분 전에 특정 임원 선임의 불가를 전하는 것은 임의성이 강한 구태의연한 관치금융이라는 비난을 면하기가 어렵다.

우리 금융기관이 자율적으로 의사를 결정하는 체계를 갖추지 못하고 금융권 밖의 타율에 의해 지배되면 결국 금전등록기 수준에 머물게 된다. 이러한 상태에서는 결코 우리경제와 금융기관의 대외신인도를 확보할 수 없다. 따라서 당면한 외환 금융위기에서 탈출할 수 없다.

당국은 앞으로 무엇보다도 금융개혁에 박차를 가해 자율과 자기판단에 의해 작동하는 금융시스템을 구축해야 한다. 금융개혁은 기업이나 재벌의 개혁보다 더 앞서 추진되어야 한다. 그러나 최근 상황을 보면 다른 부문의 개혁보다 금융개혁의 추진이 상당히 지체되거나 후퇴하는 듯하다.

김대중 대통령과 정부는 출범 후 대기업과 해당 거래 금융기관 간의 재무개선 협약을 통해 재벌개혁을 적극 도모하고 있다. 물론 재벌개혁은 필수다. 그러나 중요한 것은 제대로 된 금융개혁 없이는 재벌개혁도 제대로 이루어질 수 없다는 점이다. 금진등록기 수준의

금융기관이 어떻게 막중하고 복잡한 문제인 재벌개혁을 주도할 수
있을 것이라고 기대하겠는가.

●『세계일보』, 1998년 3월 7일

3

•

IMF 위기의 원인과 금융 구조조정

우리가 IMF 외환위기와 이에 따른 심각한 경제적 어려움을 벗어나기 위해서 1차적으로 수행해야 할 핵심적 과업이 바로 금융위기의 해소이다.* 그리고 금융위기의 해소를 위해서는 제대로 작동하지 않는 금융시스템을 수리하여 정상화하고 동시에 개선해나가야 한다. 이 작업이 바로 금융부문의 구조조정 과제이다.

그간 정책 당국도 IMF의 지원하에 금융산업의 구조조정을 적극적으로 도모해왔으나 아직 사안의 중요성에 비추어 볼 때 그 실행

---

* 일반적으로 환율과 외환보유액이 일정 수준 이상 급변(특히 급락)할 경우에 이를 외환위기Currency Crisis라고 규정한다. 한편 과도하게 금융기관 부실채권이 누적되고 이에 연관하여 다수의 금융기관이 폐쇄 또는 합병을 당할 수밖에 없는 상황을 금융위기Banking Crisis라고 정의한다.
우리의 경우는 금융위기가 외환위기로 연결된 전형적인 예가 된다고 할 수 있다. 멕시코의 경우는 외환위기가 금융위기보다는 정부과다차입, 고인플레, 과소비 등에 의해 주도되어 우리의 경우와는 대조된다.

실적이 미진하다. 특히 금융산업 전체에 대한 종합적 수리계획을 제시하지 못하고 단편적인 정책추진에 그치는 경우가 대부분이다.

이 장에서는 먼저 금융산업 구조조정의 의미와 그 역할 그리고 필요성을 보다 명확히 하기 위하여 외환위기의 주요 원인을 간략히 논의해보고자 한다. 그다음 그간 정부가 추진해온 금융산업 구조조정의 규모와 내용을 개관하고 이에 의거하여 그동안 시행과정의 특성과 문제점을 간략히 살펴보고자 한다. 그러고 나서 향후 우리가 역점을 두어야 할 금융부문의 구조조정 과제와 그 해결방향을 논의하고자 한다.

외환위기의 주요 요인과 금융산업 구조조정의 필요성

금융부문에서 어떤 변화가 진행되어야 하고 그 변화가 어떤 의미를 갖는지를 파악하기 위해서 먼저 현 외환위기와 경제파탄의 주요 요인을 간략히 살펴볼 필요가 있다.

이번 외환위기는 다른 경우와 마찬가지로 많은 요인들이 복합적으로 작용하여 나타났다. 앞으로 그 원인 분석은 다각적으로 심도 있게 다루어질 것으로 기대된다. 여기서는 세 가지 구조적 요인을 중심으로 이들이 어떻게 작용하여 어떻게 다른 비구조적인 요인과 연결되어 위기를 초래하였는가를 간략히 논의하고자 한다.

첫 번째 핵심 원인으로 우리 기업의 과다차입과 외형위주의 성장, 그리고 대기업의 중복과잉투자 등으로 특징 지을 수 있는 실물

부문의 구조적 결함을 들 수 있다. 이러한 실물부문의 결함은 과다한 부채비율과 금융비용의 지출을 초래하여(〈표 1〉 참조) 기업의 수익성과 경쟁력을 크게 하락시켰다(1996년에 50대 재벌의 총 순이익은 마이너스를 기록). 이는 한편으로는 금융기관의 부실확대 그리고 다른 한편으로는 수출부진에 따른 경상수지 악화를 초래하여 금융위기와 외환위기에 직접적인 기여를 했다.

〈표 1〉 한국과 각국의 부채비율과 금융비용

(제조업 기준, 단위: %)

	한국(1996년)	미국(1995년)	일본(1995년)	대만(1995년)
부채비율	317.1	159.1	206.3	85.7
금융비용/매출액	3.9	–	1.6	2.2

자료: 재정경제원

두 번째로 장기간에 걸쳐 고착되어온 고비용 정치구조와 연관되어 있는 정경유착 또한 이번 위기의 주요한 원인 제공자가 된다고 하겠다. 한보 비리사건이나 전 · 노 전임 대통령 비자금 사건 등에서 드러난 바와 같이 정치인(경우에 따라서는 정부관리)과 금융기관 경영진의 지속적인 결탁은 금융기관 경영의 부실과 이에 따른 엄청난 규모의 금융기관 부실(1997년 9월 말 기준 32조 4,000억 원, GDP의 7.7퍼센트)의 산파 역할을 했다.

세 번째로 외환위기의 주요 배경으로 들 수 있는 것이 바로 대내적인 자유화를 제대로 이행하지 못하면서 금융과 경제의 개방을 가속화시킨 구조이다. 이러한 개방 확대는 수입품의 급격한 증가에 의한 국내기업의 수익성 악화를 초래했다. 또한 금융부문에서는 거액의 단기 해외자금 유입(〈표 2〉 참조)으로 인하여 정책 당국이 제대로 관리할 수 없을 정도의 통화증발(〈표 3〉 참조)과 금융기관 대출확대를 야기했다.

〈표 2〉 해외부문 본원통화의 방출규모

(단위: 조 원, %)

	1994년	1995년	1996년
해외부문 본원통화(A) (외화예탁 포함)	44.0	51.3	55.3
본원통화(B)	25.2	29.5	25.7
(A/B)*100	174.6	173.8	215.2

자료: 한국은행

〈표 3〉 통화공급의 증가율 추이(1986~1996년 기간 중 연평균 증가율)

(단위: %)

	연평균 증가율(1989~1996년)
M_2	17.7
MCT	24.0
M_3	23.3

자료: 한국은행

특히 이러한 금융기관의 대출(외화대출 포함) 확대는 금융 당국의 감독부실과 병행되어 대규모 금융기관 부실채권(특히 종금사의 부실채권)을 초래했고 금융·외환위기 조성에 일익을 담당했다.

이상에서 지적한 세 가지 요인은 구조적이고 체계적인 성격을 갖는다고 볼 수 있다. 이러한 요인 외에 위기 발생에 기여한 비체계적

unsystematic 요인으로 앞서 언급한 감독당국의 금융건전성 관리 실패, 외환 당국의 외채관리 및 외환보유액 관리 실패, 기아 등 대기업 부도처리의 지연, 그리고 동남아 국가의 통화 및 주가 동반폭락 등을 들 수 있다.

이러한 비체계적 요인들과 구조적 요인들이 복합적으로 연결되어 위기와 파탄에 도달했다고 할 수 있다. 이러한 제반 요인의 복합적 연결 관계를 다음과 같은 〈도표 1〉로 예시해볼 수 있다.

이상과 같은 관점에서 현 위기의 발생과정을 이해할 때 금융부실과 이에 따라 발생한 금융위기는 금융권 자체 내에서 생성된 부분도 물론 있다. 그러나 많은 부분은 금융부문 밖에서 형성된 요인(특히 기업의 과다차입과 투자, 정경유착구조, 개방의 부작용)에 의하여 야기되었다고 볼 수 있다. 따라서 금융위기에서 근본적으로 벗어나기 위해서는 이러한 금융권 밖에서의 요인들이 제거 또는 개선되어야 할 것이다.

물론 정책 당국은 당장은 막대한 금융부실 정리를 조속히 마무리하고 금융기관 경영의 건전성을 높여 금융시스템의 정상화를 도모해야 한다. 더 나아가 금융산업의 경쟁력을 높일 수 있는 금융개혁을 진행해야 한다. 그러나 위기의 재발을 막고 우리경제의 지속적인 성장과 안정을 위해서는 이번 위기발생의 근원적 역할을 한 요인을 제거하거나 개선해나가는 노력을 멈추어서는 안 될 것이다.

<**도표 1**> 외환 · 금융위기의 주요원인과 발생과정

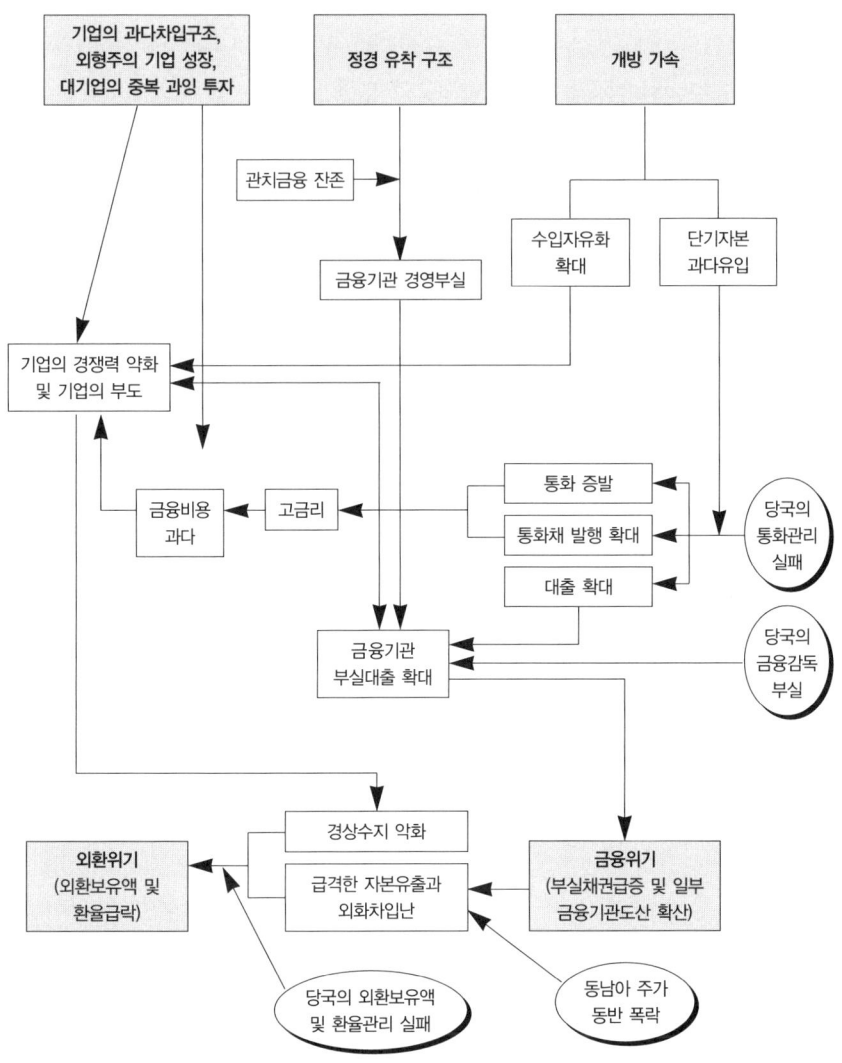

IMF 협약과 금융산업 구조조정 과정

금융부실의 정리와 예금보험제도의 개선

1997년 12월 5일에 이루어진 제1차 IMF 대기성 차관 합의에서 정부는 회생 불가능한 부실 금융기관을 정리하고 주주와 채권자 간 부실채권 손실배분에 관한 명확한 원칙 정립을 협약했다. 퇴출정책에는 증자 이외에도 국내외 금융기관에 의한 인수 · 합병을 포함시키기로 했다. 또한 금융기관 부실채권의 정리를 가속화한다는 협약을 했다.* 이와 같은 부실금융기관과 부실채권에 관한 합의사항의 추진 상황을 요약하면 다음과 같다.

제일은행과 서울은행에 대해 감독당국이 경영개선조치를 발동했는데(1997. 12. 24) 이에 대한 세부사항으로는 제일은행과 서울은행에 각각 8,200억 원의 납입자본금을 1,000억 원으로 감자減資(1998. 1. 15)하여 주주에게 책임을 부과하고 각 은행에 1조 1,800억 원을 출자했다(1998. 1. 30).

한편 14개 부실종금사의 영업을 정지시켰으며 그중 10개 사의 인가를 취소했다(1998. 2. 17). 민간 전문가 위주로 구성된 '종금사 경영정상화 평가위원회'가 회생 가능성이 없다고 판단한 10개 사에

---

* 한편 제3차 의향서에 의한 합의사항(1998. 2. 17)이 이루어졌다. 그 내용은 첫째 제일은행과 서울은행의 민영화를 위해 외부 전문가를 고용하고 주간사를 선정(1998. 3. 31)하며 공개입찰을 시행하는 것. 둘째 은행의 구조조정 및 공공부문의 지원을 점검 · 조정하는 특별 대책반을 구성하는 것. 셋째 금융기관 폐쇄, 손실 배분, 지분 감자에 대하여 입법을 강화하는 것이었다.

대하여 정리 금융기관으로의 계약이전 명령을 발동(1998. 1. 31)하였으며 또한 청문절차聽聞節次 후 해당 금융기관의 인가를 취소하도록 했다. 그리고 제2차 평가를 통해 평가 기준에 미달하는 2개 종금사의 영업정지 및 인가취소를 결정했다(1998. 2. 26).

한편 외국인에 의한 적대적 M&A를 허용했다(1998. 2. 14). 이에 대한 시행은 10개월까지 유예가 가능하도록 했지만 이후 유예계획을 철폐하기로 했다.

그간 금융기관 부실채권의 정리를 위해 금융기관 출연 5,000억 원, 산업은행 차입 3,000억 원, 한국은행 차입 2조 원, 기금채권 발행 5조 원 등 합계 8조 원을 조성했다. 당국은 이를 이용하여 은행부실채권 8조 4,000억 원, 종금사 부실채권 2조 7,000억 원을 매입했다. 이후 부실채권 정리기금을 20조 원으로 확대하기로 했으며 그 재원은 기금채권 추가발행(12조 원)으로 충당하도록 국회의 동의를 얻었다(1997. 12. 12). 그리고 성업공사의 추가적인 부실채권 매입은 은행 구조조정 전담반이 승인한 재무구조 개선계획에 따르는 경우나 청산절차의 일환으로만 허용하도록 했다(1998. 2. 11).

금융위기를 맞이하여 한시적으로 정부는 향후 3년간 예금원리금을 전액 보장하기로 했다. 그러나 이 예금전액보장제도는 3년 내 종료하고 이를 부분보장제도로 대체하기로 합의했다. 그리고 정책 당국은 한국은행으로 하여금 총 5조 원의 예금보험기금채권을 인수하게 하여 종금사 등의 예금지급재원으로 활용하도록 했다.

은행경영의 건전성 제고 조처

정부는 건전성 감독기준을 선진국 수준으로 상향조정하며 은행의 BIS 자기자본비율 충족을 위한 추진 일정 수립을 의무화하기로 합의했다. 그리고 금융기관 회계기준 및 공시에 관련된 규칙을 국제기준에 부합하도록 강화하는 것에 동의했다. 또한 대형 금융기관에 대해서는 국제적으로 공인된 회계법인에 의한 감사를 의무화하도록 했다.

제1차 합의 중 기타 구조개혁 부문에서 은행 경영의 자율성 보장이 포함되어 있다. 그 내용은 은행대출의 상업성이 존중되어야 하며 정부는 은행 경영과 대출 결정에 개입해서는 안 된다는 것이다.

이상과 같은 은행 경영의 건전성 제고에 관련한 협약*을 이행하기 위해 정부가 그간 추진한 주요사항은 다음과 같다.

1997년 말 기준 대손충당금 및 유가증권평가손 충당금을 100퍼센트 적립했다고 전제한 상태에서 BIS 기준 자기자본비율이 미달되는 은행들은 재무구조 개선계획을 1998년 4월 30일까지 제출하도

---

* 한편 1998년 2월에 이루어진 제3차 의향서에 따라 은행경영의 건전성과 관련하여 다음과 같이 추가적으로 합의했다.
  첫째, 다음과 같은 건전성 규제조치를 금융권 및 외부 전문가와 협의하여 추진한다.
    ① 보완자본에서 특별 대손충당금을 단계적으로 폐지한다.
    ② 거액의 여신한도 축소와 이행시기 단축 및 추가한도 축소가능 여부에 대해 IMF와 협의한다.
    ③ 자기자본비율 및 대손충당금의 요건을 계산할 때 확정형 금전신탁을 포함한다.
    ④ 현물과 선물 포지션에 대한 종합한도관리규정을 제정한다.
  둘째, 금융기관의 단기 외화차입과 관련한 건전성 규제를 부과한다(1998. 3. 31).
  셋째, 모든 금융기관에 시가주의時價主義 회계기준을 노입하도록 한다.

록 했다. 금통위는 산정한 자기자본비율이 6퍼센트 미만인 은행에 대해 경영개선조치를 요구하였으며 6~8퍼센트인 은행에 대해서는 은행감독원장이 경영개선을 권고했다.

해당 은행들은 6개월에서 2년 내 자기자본기준과 충당금 요건을 맞출 수 있는 재무구조 개선계획을 1998년 4월 말까지 감독당국에 제출하고 이 계획에 대한 평가는 1998년 6월 30일까지 완료하기로 했다.

금융개방의 확대

금융부문에 대한 외국인 투자개방의 가속화를 약속했다. 이에 따라 정부는 1998년 3월에 외국 은행과 증권사의 국내 현지법인 설립을 허용하고 기존 증권회사에 대한 지분참여제한을 철회할 예정이라고 발표했다.

외국인 주식투자한도를 확대하고 채권시장 및 단기금융시장을 완전 개방하는 자본시장 자유화 조치도 합의했다. 즉 종목당 주식투자한도는 1997년 11월의 26퍼센트에서 1997년 말까지 55퍼센트로 확대하고, 1998년 말까지는 완전 철폐하기로 하였으며, 1인당 주식투자 한도는 1997년 11월의 7퍼센트에서 1997년 말까지 50퍼센트로 대폭 확대했다.

외국인에 대한 회사채 투자제한도 예정(1998년 2월)보다 2개월 일찍 철폐하였으며 기업어음, 상업어음, 무역어음 등 외국인의 기업 발행 단기금융상품 매입을 허용했다(1998년 2월 16일). 나아가서 우리 정부는 금융기관발행 단기금융상품도 1998년 말까지 완전개방할 예정이라고 발표했다.

외국인 직접투자절차의 간소화와 민간기업의 해외차입에 대한 제한 철폐에 대해서도 협약했다. 특히 해외차입에 대한 제한 철폐에 있어서 정부는 만기가 3년을 초과하는 상업별 현금차관 도입과 외화 증권 발행을 용도의 제한 없이 1998년 말까지 한시적으로 허용하였고 벤처기업이 2백만 달러 이내에서 해외차입을 자유롭게 할 수 있도록 했다.

금융산업 구조조정 과정의 특성과 문제점

지금까지 금융부문의 구조조정에 관한 IMF 협약의 주요내용과 그 협약에 따른 정부의 추진내용을 간략히 살펴보았다. 여기에서는 이러한 협약과 추진과정에 대한 몇 가지 특성과 문제점을 지적하기로 한다.

첫째, IMF와의 협약 내용(특히 금융부실의 정리, 예금보장의 강화, 은행의 건전성 제고 등)은 대체로 우리경제가 위기에서 벗어나고 금융산업이 정상화되는 데 유용한 조처이다. 그러나 금융개방에 관련한 조처는 다른 것들과는 달리 조기에 실행하기보다는 금융 부실이 어느 정도 정리되어 금융시스템이 안정된 후에 이행하는 것이 바람직하지 않느냐는 의견이 제기된다.

둘째, 우리 정부는 IMF 협약을 대체로 충실하게 실천에 옮기고 있다. 특히 대외 개방 등 몇몇 사항은 합의한 시기보다 일찍 이행했다. 그러나 협약되기는 했지만 아직 구체적으로 시행계획이 마련되지 않은 중요한 사항도 있다. 예컨대 은행경영에 관한 정부의 개입 차단에 대한 계획이나 제도적 장치는 논의도 되고 있지 않다.

셋째, IMF 협약에 담겨져 있는 내용은 위기탈출에 필요한 응급처치적인 성격을 띠는 것이 대부분이고 따라서 이 합의에 의한 조처도 단편적이고 임기응변적인 성격이 강하다. 특히 정책 당국은 IMF 협약의 이행에만 매달려 있고 보다 종합적인 금융산업 정상화의 청사진을 제시하거나 우리 정부 자체적으로 판단하여 필요한 조처를 수립·집행하는 모습을 보여주지 못하고 있다.

특히 우려되는 것은 부실금융의 정리와 예금보장의 강화를 위해 막대한 비용이 소요되는데 이 비용이 총액으로 얼마나 되며 어떻게 조달할 것인지를 제대로 제시하지 못하고 있다는 점이다. 이와 같은 종합적인 준비나 고려가 없는 상태에서 금융산업의 구조조정을 실행하게 되면 많은 시행착오와 부작용을 피할 수 없을 것이다.

넷째, 정부는 앞에서 이미 언급한 바와 같이 IMF 협약에서 제시한 사항을 이행하는 데만 급급했다. 관련 보완조처를 강구하고 IMF와 협의해서 실행하는 데는 미흡했다. 특히 부실 금융기관을 처분하고 부실 금융기관의 채권을 처리하는 과정에서 발생하는 비용의 최소화와 금융기관 경영의 건전성 규제 시—예컨대 BIS 자기자본비율 규제—에 야기되는 실물기업의 어려움을 줄이는 정책대안 제시가 미흡했다고 할 수 있다.

금융산업 구조조정의 주요 과제와 방향

정부는 이제 새로운 진용으로 출범하게 되었으므로 가능한 빨리 우리 금융부문의 정상화와 효율화를 기할 수 있는 종합적인 금융정 상화 및 개혁 청사진을 제시해야 할 것이다. 여기에서는 이러한 금융 정상화와 개혁에 핵심적인 이슈가 되는 몇 가지 사항 중심으로 개괄적으로 논의하기로 한다.

금융부실 정리의 가속화와 예금보장의 강화

금융부실 정리는 조속히 추진되어야 한다. 부실의 정리 없이는 금융시스템의 정상화, 나아가서 경제 위기로부터의 탈출은 불가능하다. 그러나 무턱대고 당장 정리를 실행에 옮길 수 없는 어려움이 있다.

앞서 지적한 바와 같이 은행(일반은행＋특수은행)과 종합금융회사의 부실여신(고정＋회수의문＋추정손실)이 1997년 9월 말 32조 4,000억 원(GDP 비중: 7.7퍼센트)이고 1997년 12월 말 기준으로는 은행 부실여신만 32조 2,900억 원, 종금사의 부실채권은 7조 2,800억 원에 이르게 되었다. 1997년 말 기준으로 은행과 종금사의 부실채권 총액은 GDP의 8.9퍼센트에 달하는 거액이다.

이러한 부실채권은 1997년 말 이후 계속 증가하는 것으로 추정된다. 특히 많은 기업들의 도산이 줄을 잇고 대기업에 대한 협조융자가 빈번히 이루어지면서 전체 부실채권은 더욱 확대일로에 있다.

국책은행과 농·수·축협의 부실채권 잔액 그리고 어려운 자금

난에 빠져 있다는 리스회사와 생보사 등의 부실까지 감안하면 우리 경제가 부담해야 하는 금융부실은 실로 심각하다.

부실을 정리하고 정상화하는 데는 재원이 있어야 한다. 정부는 금융기관 부실채권 정리에 필요한 재원충당을 위해 부실채권 정리기금을 20조 원으로 확대할 예정(기 조성분은 8조 원)이라고 발표했다. 앞서 지적한 대로 이 기금에서 제일은행과 서울은행 그리고 부실종금사의 부실채권을 매입하기 위해 이미 7조 1,000억 원을 사용했다.

부실정리 과정에 발생하는 예금지급보장을 위하여 정부는 예금보험기금을 12조 원으로 확충할 예정이다. 예금보험기금은 이미 확보한 재원으로 14개 부실종금사 예금지급보장에 사용했다. 또한 정부는 제일은행과 서울은행의 자본금을 늘려주기 위하여 각각 1조 1,800억 원의 현물출자를 시행함으로 해서 총 2조 3,600억 원의 재정 부담을 떠맡았다.

정책 당국이 계획하고 있는 부실채권 정리기금과 예금보험기금의 확충은 기본적으로 정부채권 발행에 의존하고 있다. 그러나 정부 발행채권 중 일부—2조 원의 부실정리 기금채권과 5조 원의 예금보험기금채권—는 한국은행에서 인수시킬 계획인데 이는 가급적 피하는 것이 좋다. 그간 우리는 부실금융의 정리를 위해 발권력을 사용한 경우가 많았다. 이는 결과적으로 근원적인 문제해결에 결코 도움을 주지 못했다는 점을 잊어서는 안 된다.

여하튼 정부의 계획대로만 하더라도 부실채권정리기금채권으로 20조 원, 예금보험기금채권으로 12조 원 그리고 제일은행, 서울은행

현물출자로 2조 1,600억 원의 재정 부담이 생긴다.* 이 금액은 GDP의 8.2퍼센트에 상당하는 거액이다.

그러나 문제는 이러한 액수로도 당면한 부실금융기관과 금융기관 부실채권의 정리가 충분하지 못하다는 데 있다. 1997년 말까지 나타난 부실 규모와 그 이후에 진행된 상황, 그리고 앞으로 전개될 여건을 감안할 때 부실채권정리기금과 예금보험기금은 현재의 계획 수준에서 상당한 폭으로 증액되어야 할 것으로 생각된다.

어느 정도 충분한 기금확보를 전제로 할 때만이 당국은 비로소 부실 금융기관 퇴출에 박차를 가할 수 있고 또한 예금보장에 대한 각 경제주체의 신뢰를 얻어낼 수 있다.

일반 경제 주체들은 이제 정부의 선언적 예금보장보다는 구체적인 예금보장 장치를 확인할 필요성을 느끼고 있다. 그리고 부실금융 정리를 위한 적절한 재원확보는 우리 금융시스템에 대한 대외신인도를 제고하는 데 중요한 역할을 할 것이다.

물론 금융부문 부실 정리 비용 대부분을 정부(결과적으로는 국민)가 떠맡는 것은 문제가 있다. 특히 금융기관의 부실을 처리하는 과정에서 해당관계자도 함께 책임을 져야 한다는 원칙은 유지되어야 한다. 그러나 구조적 요인에 의하여 금융부실이 확대된 부분이 큰 만큼 책임을 개별적 차원에서 규명하기가 쉽지 않다. 따라서 현 상황에서는 정부가 정리에 따른 재정적 부담을 일단 떠안고 추후에 개

---

* 이 금액을 정부가 나중에 다 메워야 하는 것이 아니다. 인수한 부실채권을 팔아서 채권원리금으로 사용하기 때문에 최종적으로 부담하는 액수는 상당히 줄어들 것이다.

별 책임관계자에게 구상권을 행사하는 형태로 일을 진행하는 것이 바람직하다.

일시에 거액의 정부채권을 발행하는 문제도 유의해야 한다. 대규모의 국채발행은 정부의 재정적자 확대, 금리 상승, 채권시장에서의 회사채 구축 등과 같은 부작용을 초래한다. 따라서 정책 당국은 재정적자 확대 문제는 어쩔 수 없지만 금리 상승과 채권시장 교란을 줄이기 위해서는 채권수요를 확대하고 채권시장을 획기적으로 육성할 수 있는 제반의 조처를 강구해나갈 필요가 있다.

당국은 부실금융기관과 금융기관부실채권을 정리하는 과정에서 그 비용을 최소화할 수 있는 방안도 적극 모색해야 한다. 특히 부실금융기관을 인수·합병할 경우 조세감면이나 정부보조금 지원을 확대하는 방안이나 부실채권을 담보로 자산담보부증권ABS을 발행하여 국내외에서 거래할 수 있는 제도적 장치를 도입하는 방안도 고려해볼 수 있다.

부실채권 정리업무를 담당하는 조직(성업공사와 예금보험공사)을 보다 효율화하고 전문화하는 것도 정리비용을 줄여 국민부담을 완화하는 길이다.

끝으로 부실금융 정리에는 거액의 국민적 부담과 관계자들의 이해관계가 따르기 때문에 이에 관련한 모든 조처(특히 금융기관의 부실상태에 대한 평가 등)는 투명하고 일관성 있고 공평무사하게 적용되어야 한다는 원칙이 결코 훼손되어서는 안 된다. 아울러 정부는 해당 부실금융 정리에 따른 국민경제적 득실得失을 가능한 한 국민들에게 소상하게 밝혀야 한다.

금융기관 경영의 건전성 제고와 정경유착의 근절

금융기관 경영의 건전성 제고 없이는 국민경제와 금융시스템에 대한 대내외적 신뢰 회복은 없다. 그러므로 IMF와의 합의에 따라 시행하고 있는 은행경영의 건전성 향상 노력은 매우 중요하다.

금융기관의 건전성 확보가 규제에 의하여 강제적으로 창출되는 것보다는 경영건전성을 확보하는 것 자체가 해당 금융기관의 자산이 된다는 판단을 하게 하여 자율적으로 건전성을 확보하도록 유도하는 것이 바람직하다.

현 위기상황에서 은행들에게 일률적으로 BIS가 요구하는 자기자본비율(8퍼센트)을 적용시키는 것은 너무 경직된 조처이다. 우리경제에 위기가 있기 전인 1997년 6월 말 기준으로 우리나라 일반은행의 BIS 자기자본비율의 평균은 9퍼센트 수준이었다. 국가적으로 큰 시스템 위험systemic risk을 갖게 된 현 여건하에서 모든 은행에 8퍼센트 비율을 충족시키라는 것은 지나친 측면이 있다. 정책 당국의 과도한 건전성 규제는 금융기관 대출을 극히 방어적으로 하게 하여 기업의 자금난과 부도를 심각한 수준으로 몰아갈 수 있다. 이러한 사태는 1998년 초에 실제로 나타났었다.

은행을 위험에 빠뜨리지 않고 그 건전성을 확보하기 위해서 해야할 가장 중요한 일 중의 하나는 정경유착의 근절이다. 앞서 언급한 비와 같이 IMF 협약에도 은행경영과 대출결정에 대한 성부 불개입의 원칙이 포함되었다. 그러나 정경유착의 근절을 실행하기 위해서는 원칙의 선언만으로는 부족하다.*

이제 우리는 보다 구체적으로 정경유착의 단절을 보장하는 제도적 장치의 도입이 필요하다. 특히 강력한 부패방지법이 필요하다. 남미경제가 위기에서 벗어나게 된 가장 중요한 요인이 바로 부정부패를 강력하게 처벌하도록 한 법의 집행이었다고 한다. 그리고 이러한 부패방지법 시행과 함께 정경유착의 근원이 되는 고비용 정치구조도 혁신적으로 개선해야 한다.

물론 금융기관의 책임경영체제를 정착시킬 수 있는 이사회 제도의 개선, 소액주주 권익의 확대 등과 같은 금융권 내의 제도적 개편도 계속 모색해야 할 중요한 과제이다.

금융기관 간의 경쟁촉진과 금융개방에 대한 대처 문제

부실 금융기관과 금융기관부실채권의 정리가 어느 정도 이루어지고 또한 금융기관의 건전성이 어느 정도 확보되면 금융기관 업무영역과 각종 금융중개수수료에 대한 정부규제를 혁신적으로 완화하는 소위 '금융 빅뱅'을 시행하여 금융기관 간의 경쟁을 더욱 촉진시켜야 한다.

금융이 거의 완전개방이 된 상태에서 우리 금융기관들이 말 그대로의 무한경쟁에서 살아남을 수 있는 경쟁력을 키울 수 있도록 여건

---

* 1998년 2월 말에 끝을 맺은 금융기관주총에서 금융권 밖으로부터의 압력이 곳곳에 영향력을 행사한 것이 드러나 IMF 협약 이전과 크게 달라진 것을 보여주지 못했다.

과 제도를 마련해야 한다. 여기서 적용해야 할 가장 중요한 원칙은 개별 금융기관 자체가 자율적으로 판단하여 경쟁력을 확보하도록 하는 것이다. 특히 금융기관 인수, 합병, 퇴출은 해당기관의 자유 의사에 의하여 결정되도록 해야 한다.

금융빅뱅의 시행은 금융의 효율화를 기할 수 있지만 다른 한편으로는 경쟁의 격화에 의한 금융의 불안전성 혹은 불건전성을 더 높이게 된다. 따라서 금융기관의 안정성과 건전성을 제고할 수 있는 금융안전망safety net으로서의 금융감독 강화가 절실히 요청된다.

향후 우리경제에 있어서 가장 중요하고 어려운 과제 중 하나는 금융의 완전개방에 대한 대응이라고 할 수 있다. 우리는 경제 각 부문에서 대내적인 자유화와 구조개혁이 진행되는 상황에서 대외적인 요구에 의하여 금융의 완전개방을 조기에 받아들였다. 이러한 개방은 외국 금융기관과의 경쟁에 의한 금융효율화 촉진 그리고 외환위기 해소에 필요한 외자유입 촉진 등 긍정적인 측면이 있다.

그러나 우리경제는 개방 확대로 인하여 경우에 따라 감당할 수 없는 대외적 충격과 교란에 노출되었다. 급격한 외자유출에 대해서는 단기적으로 정부와 기업이 할 수 있는 것이 전무하다는 것을 이번 위기를 통해 뼈저리게 체험했다. 그리고 급격한 외자유입의 경우에도 이전(1990년대)에 경험했던 통화증발, 인플레, 고금리 등 심각한 부담을 여전히 피할 수 없다. 따라서 이러한 대외적 교란은 향후 한국경제의 안정적 성장에 결정적인 장애요소로 작용할 가능성이 있으며 위기 새발도 초래할 수 있다.

문제는 완전개방 상태에서 실효성 있는 개방대책을 찾기가 쉽지 않다는 데 있다. 그렇지만 정책 당국은 단기외자의 급격한 유출입에 따른 폐해를 줄이는 장치를 적극 모색해야 한다. 이에 관련하여 그간 거론된 사항 중 가변예치의무제도variable deposit requirement system나 금융기관과 기업의 과도한 해외차입을 통제하는 장치 등은 유효한 방안이라 생각된다.

해외자금유출입에 대한 대책을 한 국가만이 강구하여 시행한다는 데는 한계가 있다. 따라서 우리는 국제적 자본이동에 따른 폐해를 줄일 수 있는 국제기구 설립 등 제도적 장치 모색을 위한 국제적 협력에 적극 참여할 필요가 있다.

개방 대비책으로서의 개혁

인체에 비유하면 혈액순환 시스템과 같은 금융시스템은 제대로 작동하지 못할 경우 국민경제에 엄청난 부담과 비용을 일으킨다. 따라서 금융시스템 정상화는 어떤 과제보다도 우선시 되어야 한다. 또한 우리는 작동에 문제가 있는 고장 난 시스템을 바로잡는 일과 함께 이 시스템을 새로운 시대에 맞게 선진화하고 효율화하는 작업, 즉 금융개혁도 병행해서 진행해야 한다.

당국은 이러한 복구와 업그레이드 작업을 차질 없이 진행할 수 있는 종합 청사진을 하루 빨리 제시해야 한다. 특히 이 청사진에는 복구비용 총액이 얼마이고 그 조달방법에는 어떤 대안이 있는지 명시되어야 한다.

우리경제가 현재의 위기에서 벗어나기 위해서는 금융부문의 구조조정뿐만 아니라 다른 부문에서의 개혁도 병행해서 성공적으로 이루어져야 한다. 특히 앞에서 강조한 바와 같이 금융부문의 개혁 성공을 위해서는 정치 부문에서의 개혁이 매우 중요하다. 고비용 정치구조와 정경유착 구조가 혁파되지 않는 한 현재 진행되고 있는 금융시스템의 복구작업은 단기적인 효과만 얻을 수 있을 뿐이다.

한 부문(예컨대 기업부문)에서의 구조조정을 위해서 다른 부문(예컨대 금융부문)을 그 정책적 수단으로 동원하는 방식은 결코 바람직하다고 볼 수 없다. 그간 우리경제의 운용은 한 부문의 발전 또는 개선을 위한 다른 한 부문의 희생을 쉽게 수용했다. 이러한 불균형 운용방식은 그간의 고도성장에 기여한 측면도 있지만 동시에 현재와 같은 위기를 야기한 근원적 요인이 된 것도 사실이다. 최근 추진되고 있는 대기업과 해당 거래 금융기관 간의 재무개선협약이 재벌개혁을 위하여 금융기관을 정책적 수단으로 이용하는 형태로 운용된다면 이는 결코 바람직하지 못하다.

금융부문을 포함한 우리경제의 구조조정에 거액의 자금이 투입되어야 하는데 이 자금의 대부분은 재정증권의 발행에 의존할 수밖에 없다. 따라서 이러한 대규모 재정증권을 소화할 수 있도록 채권시장을 획기적으로 육성하는 것은 매우 중요한 정책 과제이다.

정책 당국은 금융기관의 구조조정과 관련하여 경직적이고 지나치게 높은 금융기관 자기자본비율 규제를 완화하도록 IMF와 협의할 필요가 있다. 과도하게 높은 BIS 자기자본비율 규제는 기업도산 증가를 통한 금융기관 부실채권의 증가를 초래하여 종국에는 금융기관 구조조정에 큰 장애가 된다.

이와 더불어 시급한 현안 중 하나는 지나치게 높은 고금리의 하향 안정화를 유도하는 일이다. 그간의 통화증가율, 인플레, 외자유입의 필요성 등을 감안할 때 상대적으로 높은 수준의 금리가 유지되는 것은 근거가 있으나 지금과 같이 국제금리의 3배 이상이 되는 금리가 지속적으로 유지되는 것은 결코 바람직하지 않다. 무엇보다도 이러한 고금리의 지속은 기업의 도산 확산과 이에 따른 금융기관 부실채권의 증대를 통하여 금융기관의 구조개혁을 매우 힘들게 만들 수 있다.

다시 한 번 강조해야 할 사항은 개방에 대한 대비이다. 이제 개방은 되돌릴 수 없는 정책적 선택이 되었다. 개방에 따른 이점도 있지만 폐해도 엄청날 수 있다. 학자들은 이미 오래전부터 대내적인 금융자유화를 제대로 추진하지 못한 상태에서 국내 금융시장 개방은 심각한 문제점을 야기한다고 지적했다. 정부는 가장 먼저 단기 국제 포트폴리오 투자자금의 유출입에 따른 부작용을 줄일 수 있는 대응책을 적극 모색해야 한다.

보다 근본적으로 우리경제가 개방에 따른 부작용과 불안정성을 줄일 수 있는 방법은 우리경제의 각 부문에 있어서(특히 금융부문) 대외적 자유화에 걸맞은 대내적 규제완화와 자유화를 조속히 실행하여 효율적이고 건전한 경제 · 금융시스템을 갖추는 것이다. 결국 이렇게 보면 현재 우리가 시도해야 할 우리 사회 각 부문의 대내적 개혁은 개방 대비책으로서도 매우 중요한 과업이 된다는 것을 알 수 있다.

●한국금융학회 정책 세미나 발표자료, 1998년 3월 20일

4

·

국민이 참여하는
구조조정기금을 조성하라

현재 우리경제는 다시 한 번 매우 심각한 고비에 직면했다. 이 고비를 제대로 넘기지 못하면 제2의 환란과 파탄의 깊은 수렁이 기다릴 뿐이다. 그리고 우리에게는 시간이 많지 않다. 늦어질수록 문제는 더 어려워진다. 이제는 말보다는 행동이 필요하다.

1998년 초의 금 모으기 운동은 외환 부족의 어려움을 넘기는 데 기여하고 우리의 자구노력을 대내외적으로 확인시킨 값진 노력이었다. 이제 다시 한 번 우리 국민의 의지와 노력을 표명하고 행동해야 할 시점이 아닌가 생각된다.

지금 제일 필요한 것은 우리경제를 새롭게 복구하고 개선하는 데 드는 돈을 마련하는 것이다. 그러나 돈이 일시에 너무 많이 들어 문제다. 복구책임자인 정부가 엄두를 내지 못하고 머뭇거리는 것도 이해할 만하다. 그러나 이제는 더 이상 머뭇거려서는 안 된다. 정부는 정면대응 외에는 다른 선택이 없다.

일반 국민도 우리경제를 대대적으로 수리하고 구조조정하는 일을 전부 정부에 맡긴 채 보고만 있을 수는 없다. 국민들이 나서야 한다. 사실 이 일을 정부가 다 맡아서 하려고 나서도 정부만의 힘으로는 불가능하다. 정부는 금융부문의 수리비용만 향후 5년간 81조 원이 소요된다고 발표했다. 여기에는 실업자나 중소기업을 지원하는 비용은 포함되지 않는다.

정부는 엄청난 거액의 경제복구 비용을 조달하기 위해 채권발행에 크게 의존할 수밖에 없다. 그러나 현재 채권을 발행해도 그것은 제대로 소화되지 않는다. 그래서 정부채권은 결국 돈을 찍어내는 은행인 한국은행에서 인수할 수밖에 없다. 이는 결국 통화증발이나 통화관리의 파행만 초래하고 우리경제를 제대로 수리할 수 없게 된다.

이미 한국은행은 IMF 관리체제 이후에만 16조 7,400억 원의 정부발행채권(성업공사의 부실채권정리기금채권 2조 원, 예금보험기금채권 6조 5,000억 원, 금융시장 안정대책지원금 8조 2,000억 원)을 인수했다. 한국은행에게 더 이상 계속해서 이런 채권을 인수하라고 하는 것은 큰 무리가 따른다. 이제 국민들이 한국은행 대신에 국가회생을 위한 국채를 어느 정도 인수해주어야 한다.

이에 따라 일반 국민들이 비록 매우 어려운 형편에 있지만 정부가 우리경제의 대대적인 수리에 드는 비용에 보태어 쓸 수 있는 돈을 조성하는 데 적극 나서주기를 촉구한다. 또한 정부가 이러한 국민 참여를 적극 환영하고 촉진시킬 수 있는 제도적 장치를 마련해줄 것을 요청한다.

현재의 여건은 전후戰後 피해복구를 위해 일시에 많은 국채를 발행해야 하는 상황에 준하는 것이라고 볼 수 있다. 따라서 정부는 직접 정부 명의로 국채를 발행하는 것이 바람직하다. 정부의 산하기관인 성업공사나 예금보험공사가 발행하는 채권의 형태는 국난극복과 국가경제회생이라는 대의명분을 제대로 살릴 수 없고 따라서 국민적 참여를 호소하기 어렵다. 이번 기회에 정부는 미국의 재무성 증권TB과 같은 국가재정증권을 본격적으로 발행하고 동시에 효율적인 국채시장을 제도적으로 적극 육성해야 한다.

물론 이러한 국채보유촉진운동은 경제원칙에서 벗어나면 비현실적인 것이 된다. 정부가 개인으로부터 자금을 빌리되 어디까지나 그 거래는 기본적으로 시장거래와 같아야 한다. 그래야 거래가 실효성 있게 지속될 수 있다.

국채발행금리는 시장금리 수준에 준하며 필요에 따라 국채수요를 촉진하기 위하여 이자소득에 대한 세금우대를 적용하도록 해야 한다. 그리고 정부는 가능한 한 다양한 만기의 국채를 발행해야 한다. 그러나 당분간 장기채에 대한 수요는 한정적일 것으로 보이므로 단기채 위주로 발행해야 한다.

국민들의 적극적인 국채보유 운동은 정부의 개혁추진을 위한 자금 조성에 있어서 직접적인 도움이 될 뿐만 아니라 정부의 개혁추진을 촉진하는 하나의 중요한 원동력으로 작용할 수 있다. 즉 국민들이 절약하여 재원을 출연하는 분위기는 정부로 하여금 개혁을 더 이

상 미적거리지 못하게 하며 다른 한편으로는 개혁 저항세력을 약화
시켜 정부의 개혁 추진력을 높일 수 있다.

이러한 국민운동은 우리 사회에 이미 확산되고 있는 패배의식을
해소하고 국민의 정신적 단결을 강화할 수 있다. 또한 이러한 국민
의 동참에 의한 구조조정기금 조성은 우리경제에 대한 외국의 신인
도를 높이는 데 기여할 것이다. 우리의 결연한 자구노력이 확인되면
외국 정부, 세계은행, IMF 등의 국제기구, 그리고 외국 투자가들도
적극 지원하리라고 기대할 수 있다.

●1998년 4월

5
.

금융개혁 때를 놓치면 안 된다

모든 일에는 때가 있다. 봄에는 파종하고 가을에는 수확해야 한다. 정권 말기의 개혁추진은 마치 겨울에 파종하는 일과 같다. 그러나 새로운 정권이 시작될 때는 개혁의 씨를 뿌려야 한다. 이때는 개혁의 씨가 뿌리내리고 성장할 수 있는 토양과 여건이 조성되어 있다.

이 시기에는 새로운 변화를 수용할 수 있는 분위기가 팽배해 있으며 변화에 저항하는 세력이 아직 조직화되지 못한 상태에 있다. 김대중 정부의 출범은 IMF 외환위기 충격으로 대대적인 변화도 쉽게 수용할 수 있는 절호의 개혁 기회이다.

안타깝게도 김대중 정부는 파종할 시기에 씨를 뿌리지 못하고 주저하면서 시간을 보내고 있다. 정부가 공식적으로 출범한 지 이미 2개월이 넘었다. 특히 이번 정부는 미증유의 국가위기하에서 1998년 초부터 본격적으로 국정운영에 간여해왔으므로 사실상 4개월이 홀

렀다. 지방자치단체 선거가 6월 초에 있다. 이 선거에 대해 정부나 여당이 연연해하고 있는 태도를 볼 때 앞으로 몇 개월 더 실기하지 않을까 심히 우려된다.

실로 향후 2~3개월 안에 개혁의 씨가 제대로 뿌려지지 않는다면 이번에도 어떤 알맹이 있는 수확을 하리라는 기대는 물거품이 될 것이다. 물론 이렇게 될 경우 우리나라는 엄청난 손실과 비용을 부담하게 될 것이며 새 정부는 시대적 과업을 도외시한 직무유기의 책임에서 벗어날 수 없을 것이다.

이제 우리경제·사회 각 부문에서 어떤 것이 크게 변해야 하느냐는 것은 이미 대부분 드러나 있다. 문제는 개혁의 우선순위를 정하고 개혁에 따른 고통분담을 합의해 개혁을 실행하는 일이다.

이번 개혁은 정부가 주도권을 확실하게 잡고 빠른 속도로 각 부문의 변화를 도모해야 한다. 이렇게 개혁의 상황 주도권을 정부가 장악하고 있어야 개혁에 저항하려는 기득권층의 연대노력을 무력화할 수 있다.

우리경제의 부문별 개혁에서 금융 부문의 개혁은 다른 어떤 것보다도 중요하다. 외환 부족으로 IMF에 의존하게 된 1차적 원인은 바로 금융시스템의 고장이다. 우리 금융시스템은 아직도 제대로 작동되지 않는 상태다.

인체의 혈액순환 시스템과 같은 금융시스템에 문제가 있을 경우 우리는 어떤 일보다 우선하여 복구하고 정상화해나가야 한다. 왜 이렇게 중요한 금융시스템의 복구와 개혁이 지연되고 있는가. 그것은 엄청난 비용이 들고 기득권층의 양보와 고통분담이 요구되는 어려운 일이기 때문이다.

정부는 금융시스템의 정상화와 개혁 문제를 정면 돌파하든지, 직무유기의 비난을 감수하든지 달리 선택의 여지가 없는 상태에 도달했다. 혈액순환 시스템에 문제가 있으면 생명까지 위험해질 수 있다. 정부는 금융개혁의 핵심과 그 추진에 따른 비용을 명시하는 구체적 계산서를 국민과 국회에 하루빨리 제시하여 합의를 얻어야 한다. 많은 비용과 희생이 따르는 부실금융 정리 사업은 국민적 합의 위에서만 가능하다.

부실금융 처리 분담과 함께 금융산업의 자율성과 효율성을 높이기 위한 방안이 구체적으로 확인되지 않은 상태에서는 금융기관의 경영주체나 기업의 경영주에게서 어떠한 의미 있는 구조적 변화도 기대할 수 없다.

우리는 아직까지 대외적으로 경쟁력 있는 소중한 인적·물적 자원을 많이 보유하고 있다. 이러한 귀중한 자원을 더 이상 낭비하지 않고 효율적인 부가가치 창출로 연결시킬 수 있는 유일한 길은 실기하지 않은 개혁뿐이다.

김대중 정부는 출범 초 위기탈출을 위해 노·사·정 합의 등 혁신적인 노력을 기울여 상당한 성과를 거두었다. 그러나 문제의 핵심인 금융시스템의 정상화 작업은 지체되거나 어떤 면에선 소홀히 취급되고 있다.

금융개혁은 기업이나 재벌의 개혁보다 더 앞서 추진돼야 한다.

금융개혁 없이는 재벌개혁도 추진될 수 없기 때문이다. 이른바 금전 등록기 수준의 금융기관체계로 어떻게 재벌개혁을 주도할 수 있겠는가. 아울러 금융개혁에 시간이 많은 게 아니다. 파종하되 때를 놓치면 쭉정이만 거두어들일 뿐이다.

●「세계일보」, 1998년 5월 20일

6

중산층과 서민층을 살려라

최근 정부 당국은 IMF 체제 이후 심각한 타격을 받은 중산층과 서민층에 대해 보다 적극적인 지원의지를 나타내고 있다. 지금까지 제시되고 있는 지원책은 조기 경기회복에 따른 세수 증대 및 공기업 매각 등으로 활용할 수 있는 정부의 여유자금이 약 3조원에 이른다고 보고 이 돈을 재원으로 하여 중산층과 서민의 세금 감면을 확대하고 추경예산을 편성해서 이들의 생업활동에 대한 각종 지원을 늘리는 것을 주요 내용으로 하고 있다.

그간 경제위기에서 탈출하고 구조조정을 서둘러 추진하는 과정에서 경제주체 간에 그리고 경제부문 간에 심각한 불균형이 야기되어 왔다. 그러나 이제 경제의 큰 흐름이 어느 정도 안정과 여유를 찾게 되었으므로 정부는 그간 급해서 소홀히 했거나 또는 불가피하게 수용할 수밖에 없었던 우리경제의 불균형과 편중 문제를 적극적으로 개선해나가야 할 단계에 이르렀다.

　명예퇴직과 정리해고 또는 소득감소 등이 집중되었던 중산층과 서민층에 대한 정책적 지원은 현 시점에서 꼭 필요한 선택이라고 할 수 있다. 물론 이러한 지원은 그것이 초래할 수 있는 효과가 한정되어 있고 또한 부정적인 측면도 있을 수 있다.

　이미 일부 지상에서 거론되는 바와 같이 2000년 총선 표를 의식하여 정부는 이러한 지원책을 경제논리가 아닌 정치논리로 수립 운영하여 예산 낭비만 하고 결국은 정부 재정만 더 악화시킬 것이라는 염려도 충분히 있다.

　이런 우려 때문에 심화되는 우리경제의 불균형을 방치하는 것은 구더기가 무서워서 장을 담그지 않는 것에 비유할 수 있다. 장이 우리 식생활에 있어서 필수품인 것처럼 과도한 불균형을 해소하는 것은 우리경제의 건실한 회복과 지속적인 성장에 꼭 필요한 요소이다.

　금리나 재정지출과 같은 총수요 정책의 추가적인 동원에 의한 성장확대를 지양하겠다고 밝힌 새로운 경제팀의 정책방향은 현 상황에서 전적으로 옳다. 따라서 앞으로 재정당국은 중산층에 대한 지원대책에 따라 우리경제의 총지출이 늘어나는 폭을 최대한 줄여야 할 필요성이 있다.

　한편으로는 중산층 지원을 위한 세금 감면을 도모하고 다른 한편으로는 특히 고소득층에 대한 탈세를 철저히 색출하여 징세해야 한다. 구조조정과 경기부양 과정에서 정상 이상의 호황과 이득을 보는 부문에서 세수증대를 추구하는 것 또한 필요하다.

특히 주식시장이 계속 과열 양상을 보이면 증권거래세의 인상도 고려할 필요가 있다. 그리고 어느 정도 직접 금융시장의 기반이 이루어졌다고 판단될 때는 증권매매차익세의 도입도 고려해야 한다.

그리고 근로소득세의 감면 폭 확대와 함께 이자소득세 부담을 경감하는 것도 현시점에서 적극 모색할 필요가 있다. 그러나 일률적으로 이자소득세를 인하하게 되면 고소득자가 더 많은 이득을 보게 된다. 따라서 현재 시행되고 있는 세금우대저축제도에 있어서 세율의 우대 정도를 높이고 우대저축한도를 확대하는 방향으로 기존 제도를 조정하여 시행하는 것이 좋을 것으로 생각된다.

정부는 중산층 지원 대책에 의한 부와 소득의 계층별 불균형 개선에만 국한하지 말고 IMF 극복 과정에서 이미 나타났고 또한 앞으로 나타날 것으로 예상되는 여타 측면에서의 과도한 불균형 문제—예컨대 대기업(특히 5대 재벌)에 대한 자금집중, 금융시장 간 자금 편중, 산업자본의 금융산업 지배, 외국자본의 과도한 국내산업 지배 등—를 개선할 수 있는 대응책을 종합적으로 수립하여 시행해나가야 할 것이다.

물론 경제 자유화와 개방화가 피할 수 없는 대세가 되어 이전보다 불균형 문제가 더욱 심해지는 것을 받아들일 수밖에 없지만 그래도 정책 당국은 과도한 불균형과 편중을 최대한 바로잡는 노력을 계속해야 한다. 이러한 노력 없이는 경제회복과 성장은 그 질이 떨어지고 취약한 상태에서 벗어날 수 없다.

정부가 제한된 재원을 가지고 중산층의 세금을 감면해주고 재정지출을 늘려 이들을 지원하는 것이 계층 간 불균형 해소에 기여할 수 있는 여지는 한정적일 수밖에 없다.

따라서 정부 당국은 이러한 단기적 지원책 외에 중산층 안정의 근본 요인이 되는 실질 소득과 부의 안정을 도모해야 할 것이다. 이러한 실질 소득이나 부의 보장에 가장 중요한 요소 중 하나는 물가안정이다. 우리경제에 있어서 물가안정의 정책적 중요성을 여기에서 다시 한 번 확인할 수 있다.

물가안정과 함께 중산층 보호와 육성에 보다 근본적인 구실을 하는 것은 바로 정부가 지금까지 추진해왔고 또한 앞으로 추진할 것이라고 표방하고 있는 기업, 금융, 노동, 공공 및 정치 부문 개혁을 성공적으로 마무리하는 것이다.

우리경제와 사회에 보다 공정하고 투명한 새로운 제도와 규칙을 구축하여 정착시키는 것을 궁극적 목표로 하는 주요 개혁이 성공적으로 이루어지면 국민경제의 견실한 회복과 재도약이 가능해질 것이다. 이러한 국민경제의 새로운 전개는 결국 우리 중산층의 회생과 성장을 가장 확실하게 보장할 수 있을 것이다.

● 「매일경제」, 1999년 6월 18일

7

물가안정 대책이 우선이다

경기장에서 앞에 앉아 있던 관중이 일어서면 연쇄적으로 그 뒤에 있는 관중이 일어설 수밖에 없다. 몇 사람이 일어섬으로 해서 결국에는 경기장의 모든 관중이 힘들게 서서 경기를 관람하게 되는 결과를 초래하는 것이다.

경제학자들은 인플레 진행 과정과 효과를 이러한 경기장의 관중 행태에 비유해 설명하기도 한다. 즉 몇몇 주요 재화의 선발적 가격 인상은 앞좌석의 관중이 일어서는 것과 같다. 이는 전반적인 가격상승을 초래해 종국에는 모두가 힘들고 비효율적인 상황에 처하게 된다는 것이다.

IMF 사태 이후 한국경제는 여러 가지 어려운 상황에 처했지만 다행히 인플레에 관한 한 상당히 편안한 상태에 있었다. 1999년 상반기 중 소비자물가 상승률은 0.6퍼센트로 믿기 어려울 정도의 물가

안정을 누렸다. 이는 주로 국제 원자재 가격의 하락, 환율의 평가절상, 경기 침체에 따른 임금과 금리의 안정 등에 기인했다. 그러나 보다 최근에 들어서 이러한 우호적인 상황이 크게 흔들리는 기미가 곳곳에 나타나고 있다.

국제원유가를 비롯해 수입원료 가격이 큰 폭으로 상승하고 있으며 전화료, 대중교통요금, 의료보험수가 등 공공요금인상도 줄줄이 기다리고 있다. 그리고 태풍과 집중호우로 농축산물 가격이 6.8퍼센트나 급등했다.

여기에 이번 추석명절 기간에는 급격한 경기회복과 일부 계층의 자본소득 증가에 힘입어 주요상품의 가격인상이 크게 우려되고 있다. 백화점은 물론 재래시장에서까지 물건 배달 인력이 모자란다는 보도가 나온다. 특히 유의해야 할 점은 상품 판매자들이 추석 특수에서 올린 가격을 추석 후 다시 인하시킬 유인이 크게 약화된 상태에 있다는 것이다. 소비자들은 명절을 지나면서 그들이 가지고 있는 돈이 확연하게 감자당하고 있다는 것을 체험하게 될 것이다. 이에 따라 그들의 인플레 기대심리가 점점 높아지고 있음을 확인할 것이다.

물가 불안을 염려하면서 결코 간과해서는 안 되는 사실은 시중에 많은 유동성이 떠돌고 있으며 유동성 보유주체들이 그 유동성의 가치안정에 확신을 하지 못하고 불안해하고 있다는 점이다. 최근 금융기관 예금은 크게 단기화하고 있으며 1998년에 마이너스 7퍼센트 성장이 있었음에도 불구하고 통화 증가율은 통화의 측정기준에 따라 다르지만 평균적으로 적게는 14퍼센트, 많게는 30퍼센트의 높은 수준을 보였다.

이렇게 높은 통화증가율이 유지되고 있음에도 불구하고 통화 당국이 환수하고 있는 통화량은 한국은행이 직접 발행한 화폐(본원통화)의 2.5배에 해당하는 50조 원을 넘어서고 있다. 중앙은행은 이미 본연의 의무인 통화량 관리를 정상적으로 수행하는데 매우 심각한 어려움에 직면해 있다. 더욱이 많은 사람들이 앞으로 대우사태 해결을 위해 통화 당국은 추가적인 통화증발을 감수할 수밖에 없을 것이라고 예상하고 있다.

이러한 유동성 과잉과 이에 따른 통화가치 하락의 기대심리가 증폭되는 상황에서 몇몇 공급측면의 가격인상 요인이나 계절적 가격 상승 요인이 일으키는 인플레 파급효과는 예상외로 커질 수 있다. 그러므로 이제 정부 당국은 추석 성수품 확대공급과 같은 대증요법적인 물가대책에 그치지 말고 재정 통화 금리 정책을 포함한 보다 종합적인 거시안정 대책을 조속히 수립해 시행해야 한다.

정책 당국은 개방경제하에서 통화량 확대가 물가나 여타 자산 가격에 미치는 영향 못지않게 수입증대와 이에 따른 외화유출에 미치는 효과를 중시하면서 경제안정화 대책을 모색해야 한다.

이미 정부 당국도 공식적으로 앞으로 인플레 압력이 가시화될 것이라고 인정하고 있는 이상 하루 속히 그 인플레 압력을 어떻게 구체적으로 완화해나갈 것인지를 제시해야 한다. 이러한 제시가 확실히 이루어지지 않으면 각 경제주체의 인플레 기대심리는 하루가 다르게 급속하게 확산될 것이다. 이는 결국 모든 사람이 경기장에서 일어서 있는 고난스러운 상황을 앞당겨 초래하게 된다. 이런 상황이 최대 현안인 우리경제의 회생과 부문 간 불균형해소에 결정적인 걸림돌이 된다는 것은 새삼스레 지적할 필요가 없다.

● 「동아일보」, 1999년 9월 18일

8

·

시장의 신뢰를 얻어라

작은 배는 순풍이 불 때는 빠르게 항해하지만 풍랑이 치면 쉽게 큰 위험에 빠질 수밖에 없다. 개방화와 세계화가 돌이킬 수 없는 선택이 될 한국경제를 망망대해의 작은 배에 비유해도 지나치지 않다. 대해大海에서의 항해처럼 개방화 시대에는 각 경제주체의 위험 노출이 커질 수밖에 없으며 특히 부분적 위기가 빠른 속도로 전면적 위기로 발전될 가능성이 높아진다.

그러나 이런 새로운 상황전개에 대한 각 경제주체의 인식은 크게 미흡하다. 무엇보다도 우리경제의 주력 기업이 여건 변화에 능동적으로 적응하지 못할 때 그 부정적 효과는 직접적이고 엄청날 수밖에 없다. 이는 대우그룹 실패에서 절실하게 체험한 사실이다.

대우그룹이 쓰러진 지 얼마 되지 않았는데 제1의 기업집단인 현대그룹의 유동성 부족설이 유포됐고 급기야 이제는 정부와 채권은행이 현대건설과 현대상선에 긴급자금을 지원하기로 했다. 투자자는 물론 일반 국민들도 불안해 했다. 현대 유동성 문제는 투신사 부실처리와 연결돼 금융시장의 불안을 더욱 증폭시켰다.

다행인 것은 대우사태와 달리 현대 쪽이 단기 유동성 부족 초기 단계에서 채권금융기관이 요구해온 자구노력을 적극적으로 수용한 점이다. 최근 발표된 현대의 경영개선 계획은 시장이 적극 환영할 정도의 선택이었다. 특히 정몽구 회장, 정몽헌 회장과 더불어 정주영 명예회장의 퇴진 선언은 시장에 신선한 충격이었다. 재무구조 개선계획도 상당히 발전된 것으로 볼 수 있다.

정부는 현대의 계획이 효과적으로 실행될 수 있게 적극 지원하고 감시해야 한다. 정부와 채권금융기관도 현대를 지원하는 과정에서 일관성과 신뢰성을 잃지 않도록 노력해야 한다. 그간 어려워진 기업에 대한 지원이 성공적으로 마무리되지 못한 주요 이유 가운데 하나는 지원 주체가 갈팡질팡하고 서로를 불신했기 때문이다. 아울러 정책 당국은 제2차 금융 구조조정을 신속히 진행해 구조조정 지연에 따른 시장 불안이 현대 문제에서 야기된 불안과 상승작용을 일으키는 것을 막아야 한다.

현대 문제는 기본적으로 새로운 기업여건 변화에 대한 현대 경영진의 안이한 인식과 대응에서 비롯했다. 현대의 책임자들은 심각하게 위기의식을 가지고 새롭게 변신해야 한다. 현대의 형제 다툼에서 부각됐듯이 무엇보다도 그간 거대 기업조직인 현대호의 선장이 누구인지 알 수가 없는 것이 큰 문제였다. 앞으로 조속한 시일 인에 현대의 사령탑을 새롭게 구축해야 한다. 그리고 부실경영에 책임이 있는 경영자에게는 철저히 그 책임을 묻는 책임경영 체제를 조속히 정착시켜야 한다. 각 계열사별 지배구조도 명확히 해야 하며 여기에는 전문경영인의 권한 강화가 필수적이다.

현대는 시장의 신뢰를 확실히 회복하는 것이 급선무다. 이를 위해 현대 계열사들은 기업건전성과 수익성에 관련된 자료를 권위 있는 회계법인의 검증을 거쳐 투명하게 공시할 필요가 있다. 또 현대의 대표적 기업들이 중장기적으로 어떻게 국제적 경쟁력을 확보할 것인지 실현가능한 청사진을 제시하는 일도 시장의 신뢰 회복에 꼭 필요하다.

고도성장을 주도해왔고 대외적으로 한국경제의 대명사처럼 돼온 현대가 이번 사태를 전화위복의 계기로 삼아 '시련은 있어도 실패는 없다'는 신화를 이어가길 바란다.

● 『한겨레』, 2000년 6월 1일

9

은행 스스로 경쟁력을 갖춰라

돈은 불, 바퀴와 더불어 인류 역사상 3대 발명품의 하나라고 한다. 돈이 없거나 돈이 제대로 유통되지 않는 사회는 생각할 수 없다. 돈은 국민경제에서 혈액과 같다. 인체에서 혈액이 잠시라도 막히거나 중단된다면 인간은 삶을 지속할 수 없듯이 은행 파업으로 돈의 흐름이 막힌다면 우리경제는 엄청난 혼란에 빠지게 될 것이다.

특히 은행은 단순한 금융기관이 아니다. 은행은 예금, 즉 돈을 발행하고 유통시키고 있으므로 발권은행인 중앙은행과 같은 기능을 하고 있다. 그래서 미국 등 선진국에서 은행이 파업하여 업무를 중단했다는 이야기를 들어본 적이 없다. 결론부터 말하면 어떠한 이유에서든 은행이 파업하는 일은 일어나지 말아야 한다. 물론 금융기관 종사자들이 피해의식에 빠져 크게 불안해하고 있는 것도 충분히 이해할 수 있다.

IMF 위기 이후 금융위기 극복 과정에서 적지 않은 희생과 시련을 겪었다. 5개 은행 퇴출을 비롯하여 10여 개 은행이 간판을 내렸으며 총 은행 직원 중 3분의 1에 해당하는 직원들이 직장을 떠나야 했다. 이에 대한 억울함도 있을 수 있고 그간의 은행 부실에 대한 변명도 할 수 있을 것이다. 이에 2차 금융 구조조정 시기가 임박하면서 직장 분위기가 어수선해지고 불안해지는 것은 당연하다.

그러나 오늘의 금융문제는 오랫동안 축적된 문제이며 지난날의 금융기관 경영자 및 종사자, 기업인 그리고 정부와 정치인 등 모두에게 책임이 있다. 그리고 그 책임에 대해 나름대로 대가도 치렀다. 정권이 교체되고 부실기업이 퇴출되고 공적자금도 투입되고 경영자도 많이 바뀌었다. 비단 은행원들에게만 책임이 전가된 것은 아니었다.

현재는 미래를 위한 금융 구조조정을 마무리하는 데 매진할 때이다. 은행권의 부실채권 비율은 10퍼센트를 상회하고 비은행권의 부실채권 비율은 23퍼센트를 넘어서고 있다. 이러한 부실이 정리되지 않고서는 금융의 미래는 물론 금융기관 종사자들의 자리도 안전할 수 없다. 세계 금융시장이 국제적인 탈규제화와 인터넷과 정보기술의 획기적인 발전으로 국경 없는 하나의 시장으로 급속히 통합되고 있기 때문이다.

미국의 빌 게이츠는 앞으로 금융banking은 있지만 금융기관banks은 없어질 것이라는 예언까지 하고 있다. 경쟁력 없는 금융기관의 도태는 시장원리이고 글로벌 패러다임이다. 정부가 은행 퇴출을 막아서도 안 되고 막을 수도 없다. 은행 스스로 강력한 구조조정을 통해 수익성 있는 금융기관으로 재탄생되어야 한다.

정부 당국도 금융 구조조정 정책을 좀 더 종합적이고 일관성 있게 제시하고 그 정책을 조속히 실행해야 한다. 책임회피적인 무소신한 정책이나 임시방편적인 대책으로서는 문제의 본질을 해결할 수 없다. 확고한 소신과 흔들림 없는 추진력을 발휘할 때 우리경제의 최대 현안인 금융 구조조정을 마무리할 수 있을 것이다.

관치금융과 구조조정 정책은 분명히 구별되어야 한다. 과거 금융위기를 겪은 모든 나라에서 정부가 리더십을 갖고 금융 구조조정 정책을 추진해왔으며 이는 IMF도 권고하고 있는 사항이다.

최근 논란이 되고 있는 금융지주회사제도는 미국, 일본 등 선진국에서 보편화된 제도이다. 특히 금융의 겸업화와 대형화가 불가피한 현 시점에서 이러한 제도 운영을 위하여 관련 법률을 제정하는 것은 정부가 당연히 해야 할 일이다. 이를 단순히 다른 하나의 관치금융으로 매도하거나 파업의 근거로 이용하는 것은 지나친 일이다.

이 제도의 활용 여부는 금융기관이 스스로 결정하면 된다. 금융기관, 직원, 경영진, 정부 관료, 여야 정치인 등이 함께 고민하며 고통을 분담하면서 우리 금융과 경제의 앞날을 위하여 모든 역량을 발휘해나갈 때다.

●「대한매일」, 2000년 7월 8일

10

•

응급처치로 병을 고칠 수 없다

우리의 주요 금융기관들은 장기간에 걸쳐 쌓인 거액의 부실채권으로 제 기능을 하지 못하게 되었다. 그래서 결국은 위기상황에 봉착했다. 이에 정부 당국은 그간 거액의 공적자금을 투입하여 금융기관 부실채권을 처리하고 다수의 금융기관을 합병하거나 퇴출시켰다.

이러한 정부의 대대적인 구조조정 조처에 힘입어 금융위기에서 탈출하였고 실물경제도 상당히 성공적으로 회복되었다. 그러나 유감스럽게도 이러한 성과는 잠정적이었으며 지속적 기반을 갖지 못했다. 왜냐하면 그간 상당 규모의 금융부실 처리가 미루어져 왔으며 대우그룹의 도산 등 거액의 부실이 추가로 생겼기 때문이다. 또한 그간에 도모했던 금융기관의 구조조정도 근원적인 처치라기보다 응급처치의 성격이 강했기 때문이다.

이제 그간 미진했던 금융부실 정리와 구조개혁을 다시 챙겨 마무리하고 금융산업과 금융시장의 근본적 개편을 도모할 때가 되었다. 현 상태의 금융부실 구조는 시간이 흐를수록 악화되고 있다. 금융부실에 대한 근본적인 대응을 계속 지체하게 되면 국민경제는 다시 한 번 금융위기에 직면할 수 있다.

당면한 금융 구조조정과 금융산업 대책을 보다 구체적으로 논의하기 이전에 먼저 우리 금융산업이 처하게 된 새로운 환경을 간략히 살펴볼 필요가 있다. 이러한 환경은 다름 아닌 금융의 세계화와 온라인화이다. 물론 이러한 환경은 단기간에 형성된 것이 아니다. 그러나 최근에 이르러 금융개방화와 온라인화가 더욱 급속히 진행되어 우리 금융산업의 구조개혁과 미래진로를 논의할 때 보다 우선적으로 고려하게 되었다.

각국의 자본시장 자유화 및 각종 금융규제 완화와 인터넷 등 정보통신 기술 혁신에 의해 금융의 세계적 통합이 이루어지고 있는 추세에서 우리경제는 IMF 외환위기 이후 대외적으로 거의 완전 개방된 상태가 되었다. 금융시장의 세계적 통합에 따라 각국 금융시장의 동조화 현상이 뚜렷해지고 있다. 한국에서 발생한 충격이 다른 나라의 금융시장에 미치는 영향(소위 전염효과)이 크게 증대되고 있다. 금융시장의 가격변수 변동성이 높아져 금융 위험에 대한 노출이 심각하게 커졌다.

선진국의 금융시장과 비교할 때 그 규모에서 엄청난 차이가 나는 우리나라와 같은 신흥국의 경제는 말 그대로 금융 세계화의 환경에서는 망망대해에 떠 있는 돛단배 신세라고 할 수 있다. 특히 선진국의 거액의 단기자본 이동은 소국경제의 거품과 붕괴를 주기적으로 생성할 수 있게 되었다.

세계화에 의한 금융위험의 증대와 함께 우리 금융산업이 직면하게 된 다른 하나의 도전은 온라인 금융의 확산이다. 인터넷 정보 기술발전 등에 의한 금융의 탈중개화disintermediation와 핵 금융화nuclear finance가 가속되고 비非은행 인터넷 사이트의 종합적인 금융 업무 취급이 가능해짐에 따라 기존 오프라인 금융기관의 영업기반이 심각하게 위협받게 되었다.

또한 인터넷 금융의 확산은 인수·합병에 의한 금융기관의 대형화 추세를 가속화하고 금융기관의 업무영역 구분을 무용지물로 만들고 있다.

우리 금융산업의 문제는 이상과 같은 대외적 여건 변화에 적응하고 동시에 미루어온 거액의 부실채권을 조속히 처리해야 한다는 데있다.

우리나라 금융기관들은 IMF 사태 이후 92조 원에 달하는 거액의 부실채권을 해소했다. 그러나 대우사태 발생, FLC(Forward Looking Criteria), 자산건전성 분류기준 강화 등으로 인해 1999년 말 기준으로 약 67조 원의 부실채권을 보유하고 있다.

은행권의 경우 종전 기준에 의할 경우 1998년 말에 비해 1999년 말 부실채권이 9조 3,000억 원 감소했다. 그러나 FLC 도입 등으로 인해 15조 4,000억 원이 추가로 부실채권에 편입됨으로써 1999년 말 은행의 부실채권액은 1998년말 대비 6조 1,000억 원이 증가했다. 1999년 말 부실채권액은 39조 7,000억 원, 총 여신에 대한 부실채권비율은 8.4퍼센트에 이른다(〈표〉 참조).

기업 구조조정으로 기업의 재무상태가 상당히 개선된 측면이 있지만 아직 많은 워크아웃 기업이 있으며 전체 제조업에서 자본잠식 업체가 전체의 10퍼센트를 상회하고 있다. 부채비율이 400퍼센트를 초과하는 잠재부실화 업체도 전체의 13퍼센트에 달하고 있다. 아직도 제조업체 중 전체의 4분의 1 정도가 부실화되었거나 부실화 가능성이 있는 업체라고 볼 수 있다. 따라서 향후 은행권의 부실채권은 상당히 늘어날 것으로 예상된다.

제2금융권의 경우 부실채권 정리가 은행에 비해 더 지체되었다. 제2금융권 금융기관의 부실채권 비율은 98년 말 20퍼센트에서 1999년 말 23.2퍼센트로 증가했다.

더욱이 아직 비은행권에는 FLC가 도입되지 않고 있다. 2000년 하반기 FLC가 도입되면 비은행권의 부실채권이 상당폭 증가할 것으로 예상된다. 특히 2001년 초의 예금보호한도 축소 시에 상호신용금고 등 지역서민 금융기관이 특히 어려움을 겪을 것으로 보인다.

한편 그동안 정부와 IMF의 강력한 의지, 풍부한 유동성 공급, 주식시장의 활황 등에 힘입어 저금리가 유지되었지만 앞으로는 2000년과 같은 저금리를 지속하기는 어려울 것으로 보인다. 특히 최근 나타나고 있는 국공채 및 통화채 발행의 지속적인 확대, 통화증발과 원자재 가격상승 등에 의한 인플레 기대심리의 확산, 시가 평가제 도입 등 채권보유에 따른 위험의 증가 그리고 미국 등 해외 금리의 상승추

〈표〉 국내 금융기관의 부실채권 현황

(단위: 조 원, %)

	은행*			비은행**			합계		
	98년 말	99년 말	증감	98년 말	99년 말	증감	98년 말	99년 말	증감
총 여신(a)	443.4	474.0	30.6 (6.9)	133.1	116.2	−16.9	576.5	590.2	13.7 (2.4)
종전 기준 부실채권(b)	33.6	24.3	−9.3 (27.7)	26.6	27.0	0.4 (1.5)	60.2	51.3	−8.9 (−14.8)
비율(b/a)	7.6	5.1	−2.5p	20.0	23.2	3.2p	10.5	8.7	−1.8p
현행 기준 부실채권(c)	–	39.7	– (–)	–	27.0	– (–)	– (–)	66.7	– (–)
비율	–	8.4	–	–	23.2	–	–	11.3	–

자료: 금융감독원

세와 같은 요소들은 강력한 금리인상 압력으로 작용하고 있다.

금리상승은 기업부실의 추가적인 증가와 금융기관 간의 경쟁격화를 야기하고 이는 결국 또 다른 새로운 금융부실을 초래할 것이다.

이상과 같은 상황인식에 근거할 때 정부 당국과 해당 금융기관이 가장 우선적으로 해야 할 일은 조속히 금융기관 부실채권을 정리하고 회생하기 어려운 금융기관은 과감히 퇴출하는 것이다. 물론 이일을 실행하는 데 많은 비용이 들 것으로 예상된다.

정부는 향후 부실채권 정리에 약 30조 원이 들 것으로 추산하고 있지만 많은 전문가들은 이 금액으로는 부족할 것으로 보고 있다.

---

* 은행은 특수은행 포함.
** 비은행은 증권 · 보험 · 종금 · 상호신용금고 · 신용협동조합 · 리스.
• 괄호 안은 증감률(%)임.

이미 101조 2,000억 원의 공적자금이 투입된 상황에서 거액의 추가적인 지출은 정부의 큰 부담이 되는 것이 사실이다.

그러나 다른 대안이 없다. 그 대신 당국은 부실금융의 내용을 투명하게 공개하고 국민의 공감대에 바탕을 두고 구조개혁을 도모해야 한다. 따라서 추가 공적자금 조달은 국회의 보증을 얻어 예금보험공사채권을 발행하는 방법이 바람직하다.

공적자금의 투입과정에서 해당 금융기관의 적절한 자구노력이 필요하다. 이에 따라 정확한 실사를 거쳐 해당 금융기관의 자체 부담능력을 객관적으로 평가할 필요가 있다. 그리고 정부는 지원을 받는 금융기관이 앞서 지적한 바와 같은 새 경제 환경에서 중장기적으로 어떻게 생존할 수 있을지를 확실하게 다짐 받아야 한다.

이러한 자구계획이 효과적으로 실행될 수 있도록 정부 당국은 금융기관 합병이나 구조조정의 촉진을 위한 제도적 장치(세제 및 증자지원, 법적 뒷받침 등)를 조속히 정비해야 한다. 그리고 금융 세계화와 온라인화라는 전혀 새로운 환경에서 한국 금융산업의 진로에 대한 보다 큰 그림을 구상하면서 향후 금융 구조조정을 실행해야 한다.

현재 우리 금융기관은 고객과 투자가의 신뢰회복이 시급하다. 이를 위해서 금융기관은 건전성과 수익성에 관한 자료를 주기적으로 공개하여 시장 신뢰 확보에 주력해야 한다. 또한 정부는 금융기관 예금의 보장성을 높일 수 있는 예금보험제도의 개선을 도모해야 한다.

공적자금이 아무리 많이 투입되어도 경영진이 문제가 있으면 무용지물이다. 무엇보다도 금융기관 종사자가 확실한 책임의식을 갖지 않고 일을 할 경우 부실은 반복된다. 따라서 금융기관의 책임경영 체제를 정착시킬 수 있는 이사회 제도의 개선, 소액주주 권익의 확대 등과 같은 금융권 내의 제도적 개혁을 계속 모색해야 한다.

마지막으로 언급되어야 할 사항은 금융부문의 구조조정이 성공적으로 이행되기 위해서는 다른 부문에서의 개혁도 성공적으로 이루어져야 한다는 점이다. 특히 금융부문의 개혁 성공을 위해서는 기업·노동·정치 부문에서의 개혁이 매우 중요하다. 기업 구조조정이 지연되고 노동시장의 유연성이 굳어지고 또한 정부 및 정치 부문에서 솔선수범이 보이지 않을 때 금융 구조조정은 단기적인 반짝 효과에 그치고 말 것이기 때문이다.

● 한국개발연구원KDI, 『나라경제』, 2000년 7월 호

11

·

금융시장은 전 세계가 연동된다

우리나라 주가는 미국 주가와 매우 유사한 행태를 보이고 있다. 특히 1998년 말 이후 한·미간의 주가지수는 신기할 정도로 뚜렷한 동조화 현상을 보이고 있다. 그래서 많은 국내 주식투자자들은 새벽에 일어나서 미국의 주가변동을 점검하는 것을 첫 번째 일과로 삼고 있다.

이전에는 없었던 이런 동조화 현상의 배경은 무엇인가. 무엇보다도 중요한 배경은 금융개방에 따른 외국인의 국내 주식투자 확대에 있다. 세계시장을 대상으로 자금을 운용하고 있는 외국인들은 IMF 사태 이후 우리나라에 대한 주식투자를 대폭 확대해왔다.

2000년 6월 말 기준 외국인이 보유한 국내주식의 시가 총액은 87조 7,000억 원으로 상장주식 시가총액의 29.7퍼센트를 차지하고 있다. 게다가 외국인이 보유하고 있는 주식은 대부분 장세를 좌우하는 대형 우량주이다.

우리 증시에는 현재로서는 외국인 투자자와 대등하게 주도적으로 참여할 수 있는 주체가 없다. 국내 투신사나 시중은행들은 거액의 부실채권과 자체 구조조정에 얽매여 적극적인 투자에 나설 수 없는 형편이다. 이러한 상황에서 정보나 투자기법이 부족한 개인투자자들은 외국인이 사면 같이 사고 팔면 같이 파는 '외국인 따라 하기'에 몰두하게 되었다. 이 추세는 외국인의 영향력을 더욱 확대시켰다.

우리 금융시장의 국제적 동조화 현상은 국제적 통합을 의미한다. 국내 금융시장의 국제적 통합은 국내시장을 확대하고 더 경쟁적으로 만들어 우리경제의 효율적 발전을 촉진시키는 데 바람직한 역할을 한다.

이러한 통합이 결코 좋은 면만 있는 것은 아니다. 특히 우리 시장과 같은 작은 시장이 미국과 같은 초대형 시장에 연결되어 움직일 때 작은 시장은 큰 부담과 위험을 안게 된다.

2000년 8월 말 한국의 상장주식 시가총액은 2,530억 달러인 반면 미국은 15조 8,480억 달러에 이른다. 최근 2년간 대규모 신주 발행에 의하여 그 덩치를 키웠지만 한국시장은 미국시장의 1.6퍼센트에 불과하다. 이런 차이로 해서 미국시장에서의 작은 소용돌이도 한국시장에는 쉽게 엄청난 폭풍으로 전이되어 나타날 수 있다. 이미 그간 이런 파격효과를 단발적이나마 경험했다.

현재 국제 금융시장에는 투기성 헤지펀드가 약 4,000억 달러에 달한다고 한다. 따라서 국제 단기자금 이동에 대한 실효성 있는 국제적 통제체제가 없는 현 여건에서 거액의 단기자금이 떼지어 다니면서 소외 '국제적 묻지 마 투자'를 일으켜 우리나라와 같은 신흥국가들의 위기가 재발될 가능성은 여전히 있다.

우리는 이러한 폭풍과 위기에 얼마나 대비하고 있는가. 우리들 대다수는 새로 처하게 된 상황에 대한 인식부터 너무 안이한 것 같다. 물론 망망대해에서 폭풍을 만나면 작은 배가 할 수 있는 일은 많지 않다. 그러나 평소에 이런 상황을 대비한다면 최소한의 피해를 입으면서 위기를 헤쳐나갈 수 있다.

무엇보다도 정부를 포함한 각 경제주체는 이전보다 훨씬 더 위험관리에 신경을 써야 한다. 특히 가계나 기업은 물론 정부도 과도한 차입 상태에 머물러 있어서는 안 된다. 그리고 기업과 금융기관은 철저한 구조조정을 통하여 폭풍과 위기에 대비해야 한다. 이제 갑자기 들이닥치는 무자비한 폭풍우 앞에 건실하지 못한 기업이나 금융기관이 살아남기는 거의 불가능하다.

정부는 국가위기대응에 관한 종합 프로그램을 구비하고 있어야 한다. 나아가서 위기대응 도상연습을 정기적으로 수행하여 앞으로 닥칠 크고 작은 경제사변에 최대한 대비해야 한다.

●「대한매일」, 2000년 9월 5일

12

외형적 거품을 제거하고 내실을 기하라

　최근 유가 급등, 포드의 대우차 인수 파기, 반도체 가격 하락 등과 같은 악재들이 도화선이 되어 증시를 비롯한 금융시장이 크게 흔들리고 있다. 우리는 1997년 외환위기 이후 뼈를 깎는 구조조정의 고통을 겪었고 또한 100조 원이 넘는 거액의 공적자금을 위기 극복을 위해 투입했다. 그럼에도 불구하고 그동안 무엇이 잘못되어 우리 경제는 외부의 충격에 이렇게 취약한가. 과연 우리경제의 앞날은 어떻게 될 것인가.

　외환위기 이후 2년 반 동안 우리경제는 나름대로 기초 체력을 열심히 다져나갔다. 외환보유액은 외환위기 직전 37억 달러에서 916억 달러로 증가했고 상장기업의 순이익도 사상 최대치를 기록하고 있다. 경제성장률도 1999년 10.9퍼센트 성장에 이어 2000년에도 8.9퍼센트에 이를 것으로 예상되는 등 거시적 지표는 상당히 호전되었다.

국민경제의 주요 지표가 이렇게 호전되었음에도 불구하고 그동안 금융시장은 활기를 상실하고 계속 불안한 모습을 보였다. 이는 외환보유액이 증가하거나 순이익이 늘어났다고 해서 경제의 실질적인 경쟁력이 회복되었다고 말할 수 없기 때문이다.

우리가 명심해야 할 것은 현재 우리경제가 이제 겨우 실질적 경쟁력 회복을 위한 구조조정의 1단계를 막 끝내고 있다는 것이다. 사람 몇 명 줄였다고, 자회사 몇 개 처분했다고 해서 구조조정이 끝난 것이 아니라는 것이다. 미국, 스웨덴, 노르웨이의 경우에도 5~6년에 걸쳐 구조조정이 이루어졌다.

진정한 경쟁력을 갖추기 위해서는 외형적 거품이 제거된 상태에서 기업의 지배구조, 영업 관행 개선, 기술개발, 경영능력 제고 등 소프트웨어적인 장치가 정착되어야 한다. 따라서 구조조정은 장기적으로 각 경제 주체가 지속적이고 일관성 있게 합리적으로 추진해야 할 과업이다.

이번에 금융감독위원회에서 제2단계 금융 구조조정 추진 계획을 확정하여 발표한 것은 늦은 감이 있지만 다행한 일이다. 무엇보다도 공적자금을 추가 조성하기로 발표한 것은 금융시장 안정에 크게 기여할 것으로 본다. 그동안 각계에서 공적자금의 추가 조성 분위기가 있었지만 국민 부담이라는 여론에 밀려 그 목소리가 크지 않았던 것이 사실이었다. 공적자금 조성 시 초기에는 재정적자 등의 요인을 제공하여 국민 부담으로 작용하는 것이 사실이지만 이는 구조조정

과정에서 불가피한 것이다.

특히 공적자금은 금융시장의 안정, 우리 기업과 금융기관의 대외 신인도 제고에 직접적으로 기여하여 향후 국민경제의 안정적 발전에 핵심적인 초석이 된다는 것을 이해해야 한다.

우리보다 먼저 금융위기를 겪었던 미국, 스웨덴, 노르웨이 등의 경우에도 공적자금을 충분히 투입하여 경제를 회생시킨 바 있다. 공적자금이 투입되어 경제 회생이 이루어지면 투입된 자금의 회수가 가능해진다. 따라서 정부는 공적자금에 대한 관리를 철저히 하고 공적자금 회수율을 제고시켜 국민 부담을 최소화해야 한다.

정책 당국자는 단기적으로는 인기가 없고 경우에 따라서는 비난의 대상이 될지라도 국가의 장래를 위한 정책을 추진해야만 한다. 물론 경제가 어려울 때 구조조정을 추진하는 것은 더 고통스러울 수 있다. 그러나 구조조정을 미룬다고 여건이 개선된다는 보장이 없으며 오히려 앞으로 더 악화될 가능성이 높다. 정부는 경제가 잘 풀려나갈 때는 관계 당사자들이 해이해져 구조조정을 실질적으로 실행하기가 매우 어렵다는 것도 잊어서는 안 될 것이다.

기업의 책임은 막중하기 이를 데 없다. 자금 사정 악화를 금융시장 불안 탓으로만 돌려서는 안 될 것이다. 한계기업은 퇴출될 수밖에 없다는 사실을 명심하고 재무구조 개선에 노력해야 한다.

우리 국민은 이전처럼 해이해도 안 되겠지만 그렇다고 지나치게 위축되거나 과민하게 반응해서도 안 된다. 나라가 회복 불능 위기에 빠진 것처럼 허둥댄다면 상황이 악화되어 경우에 따라서는 진짜 심각한 위기가 초래될 수도 있다. 외국 전문가들도 지적하고 있듯이 현재 우리경제가 어려운 것은 사실이지만 위기는 아니다.

● 『대한매일』, 2000년 9월 25일

13

·

구조조정은 투명하고
일관성 있게 해야 한다

개방화와 세계화가 이미 돌이킬 수 없는 선택이 된 한국경제는 망망대해의 작은 배에 자주 비유된다. 대해에서 작은 배는 순풍이 불 때는 빠르고 쾌적하고 항해할 수 있지만 크고 작은 풍랑 노출되어 많은 위험에 부딪칠 수밖에 없다.

그러나 이러한 새로운 상황 전개에 대한 우리 인식은 그간 크게 안이했다. 우리 대부분은 한국경제호라는 배는 아직도 방파제 시설이 여기저기 있는 연안의 바다를 항해하는 것으로 인식하고 있었다. 그래서 우리는 새로운 항해 조건에 대비해 배를 구조적으로 수리하고 개선하는 작업을 뒤로 미루고 옛날처럼 경영하고 일하고 소비했다.

사실 망망대해에서도 좋은 날씨가 계속되는 것과 같이 그간의 대외적 여건은 상당히 우호적이었다. 특히 전 세계적으로 전개되었던 저물가, 저금리, 저유가 등은 우리에게 큰 도움을 주었다.

그리고 IMF 사태 이후 미국과 IMF의 우호적인 경제지원도 순풍이었다. 그러나 항해에서 좋은 날씨가 계속될 수 없는 것처럼 우리 경제의 우호적인 여건도 계속될 수 없다.

최근 국제유가가 급격하게 오르고 약속했던 포드가 대우차 인수를 포기하고 또한 우리나라 수출의 주력품목인 반도체 국제가격이 크게 하락하는 등 악재가 겹쳐 나타남에 따라 경제는 크게 흔들리고 있다. 정부는 이를 계기로 그간 미루어 왔던 경제의 부실부문 정리에 적극 나서게 되었다. 만시지탄이지만 반드시 가야 할 길이다.

우리경제를 취약하게 만든 핵심적인 요인은 금융과 기업 부실이다. 그중에 보다 근원적인 요인은 기업부실이다. 기업부실을 정리하지 않고 금융부실을 정리할 수 없다. 기업부실이 정리되지 않은 상태에서 금융부실을 정리하려는 노력은 말 그대로 밑 빠진 독에 물 붓기다.

그간 금융 구조조정 추진 과정에서 1단계에 투입된 공적자금이 110조 원에 이르고 다시 이번 2단계에서 40조 원에 달하는 공적자금이 새로 투입될 예정이라고 발표됐다. 이와 같은 거액의 국민부담은 이제 한계에 달하고 있다. 이러한 무거운 국민 부담을 염두에 두고 정부나 해당기업은 단호한 각오를 가지고 기업 구조조정을 확실히 실행해야 한다.

구조조정이 요청되는 기업은 폭풍이 시작되는 대해에서 항해하는 선원의 태세로 임해야 한다. 기업은 기업이 제일 잘 안다. 기업 스스로 냉혹한 여건 변화와 자체 경쟁력을 냉정하게 평가하고 구조조정을 통해 회생하든지 퇴출돼야 한다. 개별 경제주체의 운명은 기본적으로 자결自決의 원칙에 의해 결정돼야 한다.

이런 자결의 원칙을 대전제로 채권금융기관과 감독기관은 구조조정이 원활하게 될 수 있도록 투명하고 일관성 있는 기준에 따라 지원해야 한다.

이번에 금융감독원이 기업 구조조정을 촉진하기 위해 마련한 부실기업 판정 가이드라인은 상당히 구체적 내용을 가지고 있어 나름대로 유효할 것으로 보인다. 이 가이드라인이 흔들림 없이 일관적으로 실행되도록 유도해야 한다. 물론 이 가이드라인은 재벌계열 기업이나 대기업에도 일률적으로 적용해야 할 것이다.

한편 채권금융기관은 부실기업 가능성에 대한 판정, 회생기업에 대한 지원 등을 신속하고 단호하게 진행해야 한다. 기업들이 살생부에 회자되면 그 시점부터 그 기업들은 건실 정도와 관계없이 크게 흔들리게 된다. 동시에 금융시장의 불안은 더욱 커지게 되고 결과적으로 우리경제의 체계적 위험이 높아지게 된다. 따라서 구조조정 과정에서 채권금융기관의 개입은 신속하면서도 단기간에 이루어져야 한다.

채권금융기관은 경제 원칙에만 충실해 독립적으로 결정해야 한다. 특히 기업에 대한 채권금융기관의 결정을 내부 전문가뿐만 아니라 외부 전문가까지 포함한 중립적 위원회에서 이루어지도록 하는 구상은 바람직하다.

그리고 정치권은 부실기업의 생명 연장을 결코 청탁해서는 안 된다. 청탁의 시작은 그간의 구조조정 노력을 물거품으로 만들어 국민경제에 엄청난 비용을 초래한다. 또한 기업부문 구조조정은 노동부문, 정치부문, 공공부문 등과 같은 다른 부문 개혁과 병행해서 이루어질 때 그 효과가 지속될 수 있다. 이제는 서로 다른 부문 개혁이 먼저 되기를 바라고 미적거릴 여유가 없다.

기업부실이 확대돼 국가위기로까지 연결됐고 아직도 그 기업 부실이 엄청난 국가적 부담이 되고 있는 사실의 1차적 배경은 우리경제가 부실의 초기 단계에서 그 부실의 싹을 자르지 못한 데 있다.

그 싹을 자르는 일선 주체는 채권금융기관의 대출심사라고 할 수 있다. 그간 대출심사는 상당 부분 유명무실했다. 이제는 더 이상 부실의 싹이 자라 국가위험으로까지 번지지 않도록 초기에 국지적으로 관리해야 할 것이다.

그러기 위해 가장 중요한 핵심적 과제가 일선 금융기관의 대출심사 기능 강화다. 정책 당국과 금융기관은 이 기능이 가능한 한 빨리 정상화되도록 최선의 노력을 다해야 할 것이다.

●『매일경제』, 2000년 10월 6일

14

부분예금보장제 후속 조치를 강구하라

그간 많은 논란 끝에 보장한도를 당초 예정보다 크게 늘려 2001년 초부터 부분예금보장제도를 시행하기로 정부와 여당이 결정했다. 우리는 이 제도에서 우선 시장 규율 장치로서의 기본기능을 기대할 수 있다.

이 제도는 모든 금융기관에 무차별적으로 적용되어 우수 금융기관에는 예금이 모이고 불량 금융기관에서는 예금이 빠져나가게 하여 금융 구조조정을 상당한 강도로 유도할 것으로 보인다.

그러나 정부가 의도한 대로 이 제도를 통하여 선진적 시장 규율 장치를 확보하고 효과적인 구조조정을 도모하려면 지금부터 많은 대비와 관련 후속 조처를 강구해야 한다. 단순히 보장한도를 높였다고 안심해서는 절대 안 된다. 철저한 대비 없이 이 제도를 시행하면 그간 제도의 연기를 주장했던 사람들의 말대로 이 제도는 우리경제에 약보다도 독이 될 수 있다.

무엇보다도 급격한 자금 이동과 이에 따른 금융 혼란에 대한 대비가 적극 강구되어야 한다. 보장한도를 5,000만 원으로 인상하였어도 잠재적으로 이동할 수 있는 기업이나 개인의 고액예금은 상당한 거액이 된다. 이들 고액예금은 대출이나 기타 금융서비스와 연계된 예금인 경우가 대부분이어서 정상적인 상황에서는 실제 이동할 가능성이 낮은 것은 사실이지만 당국이 염려해야 할 상황은 정상적인 상황이 아닌 비정상적인 상황이다.

대외적인 충격이 빈발하고 대내적으로도 구조개혁의 불확실성이 엄습하고 있어 금융시장이 크게 불안한 상태에 있다. 이러한 금융불안은 언제든지 급격한 자금 이동을 일으켜 큰 금융 혼란을 초래할 수 있다. 당국은 이런 비상사태에 대한 세부적인 대응책을 마련하고 이에 의거한 도상연습까지 하고 있어야 한다.

감독 당국과 중앙은행은 금융기관 간의 자금이동을 면밀히 감시하고 큰 혼란을 초래할 수 있는 징후가 보일 때는 발권력을 동원한 자금 지원 등 적극적인 선제 조치를 취해야 한다. 관계 당국이 적시에 적절한 조치만 취하면 결코 통제 불가능한 사태에 빠지지는 않을 것이다.

예금자와 금융기관의 불안을 해소하기 위해서 계획되고 있는 공적자금 투입에 의한 금융기관 부실채권의 정리를 신속하게 진행시켜야 한다. 또한 정부는 이번에 추가적으로 투입되는 공적자금으로 인하여 대부분의 금융기관의 건전성이 크게 개선된다는 사실을 홍

보할 필요가 있다.

이 제도의 다른 하나의 중요한 전제는 예금자가 우량 금융기관과 불량 금융기관을 구별할 수 있어야 한다는 것이다. 이런 판별의 근거가 되는 정보 이용에 애로가 많은 것이 현실이다. 정부 당국은 금융기관 회계정보의 빈번한 공개를 의무화하고 또한 금융기관 신용평가회사를 적극 육성하여 이러한 애로를 타개해주어야 한다.

감독 당국은 앞으로 금융기관 경영에 대한 규제나 개입을 최소화해야 한다. 왜냐하면 이제 금융기관은 시장에 의하여 평가받고 규율되기 때문이다. 이런 측면에서 보면 부분보장 제도의 도입은 부수적으로 그간 고질적으로 지적되어 왔던 관치금융이나 정경유착의 타파에 획기적으로 기여할 가능성이 있다.

더불어 정부 당국은 새로운 제도의 시행에 따라 지방은행과 단위 농협과 같은 소규모 금융기관의 과도한 위축 그리고 이에 따른 지방경제의 타격에 유의해야 한다. 이미 농협 등은 자체 예금보호기금을 확대하는 등 자구노력을 하고 있지만 지방경제의 지원 차원에서 할수 있는 정책적 배려를 아끼지 말아야 한다.

●『조선일보』, 2000년 10월 24일

15

·

단호하게 구조조정의 원칙을 지켜라

    우리경제가 앞으로 나아가기 위해서는 기업과 금융기관의 부실을 다시 한 번 대대적으로 정리해야 한다는 데 이론이 없는 것 같다. 그러나 그 부실이 제대로 처리될 수 있을지에 대해서는 많은 사람들이 아직 확신을 못하고 있다. 그 이유는 앞으로 실행해야 할 부실정리와 구조조정은 그만큼 어렵고 장애가 많다고 보기 때문이다.

    정부가 국민들 앞에 약속한 제2차 구조조정 진행상황을 보면, 기업부문은 이제 막 시작했고 금융부문은 아직 개혁을 시작하지도 않은 상태에서 노조가 일방적으로 구조조정이 진행된다면서 강력히 반발하고 있다. 그리고 향후 정치일정 등을 의식하여 고비만 넘기자는 식의 기회주의에 빠져 있는 기업과 금융기관의 경영자들이 적지 않은 것이 현실이다.

    그러나 구조조정은 근로자들의 반발과 장애가 많다고 해서 결코 중단할 수 없는 중요한 사안이다. 알력이 많고 어려운 일일수록 기본 원칙을 세워 일관되게 추진해야 한다. 이와 관련하여 우리가 꼭 지켜야 할 몇 가지 구조조정의 원칙을 지적하고 싶다.

첫 번째는 자결自決의 원칙이다. 지금 구조조정의 대상이 되고 있는 기업과 금융기관의 대부분은 사私기업체다. 따라서 해당기업이나 금융기관은 기본적으로 그 운명과 진로를 스스로 결정하고 개척해 나가도록 해야 한다. 반면 정부가 소유하고 있는 금융기관에 대해서는 정부가 확실하게 주인 역할을 하고 그 결과에 대해 책임을 지도록 해야 한다.

물론 해당업체가 내려야 할 결정을 미루고 있거나 제도적 장치의 미비로 내린 결정을 실행하기 어려운 상태에 있으면 감독당국이나 채권금융기관이 적극 나서서 독려하거나 제도적 개선책을 마련해야 한다. 그러나 이 경우에도 기본적으로 구조조정 자결의 원칙이 훼손되어서는 안 된다.

두 번째 원칙은 국민부담 최소의 원칙이다. 현재 100조 원을 상회하는 규모로 확대된 금융기관의 부실채권을 정리하기 위해서는 다시 거액의 공적자금 투입이 불가피하다. 공적자금을 최대한 절약하고 철저히 통제해야 한다.

부실 규모가 크고 생존 전망이 불투명한 금융기관에 공적자금을 제공해서는 안 된다. 또 새로 공적 자금을 지원받는 금융기관은 엄격하고 세부적인 자구계획안을 제출하도록 하고 금융감독 당국은 그 계획의 내용과 이행 실적을 공개해야 한다.

세 번째는 솔선수범과 고통분담의 원칙이다. 구조조정 과정에서 해고와 파산 등 심한 고통을 다시 한 번 감내할 수밖에 없다. 정부는 이 고통이 주주, 경영진, 근로자 등 이해관계자 간에 가능한 한 공평하게 분담되도록 최선의 노력을 해야 한다.

한국경제가 경쟁력을 갖춘 새 체제로 변신하기 위해서는 기업과 금융기관의 구조조정만으로 안 된다. 민간부문의 개혁에 병행해서 공공, 정부, 정치 부문의 구조조정이 이루어져야 한다. 우선 공공부문의 구조조정이라도 가급적 빨리 시행하여 국민에게 솔선수범의 예를 보여야 한다.

현실적으로 이해관계가 복잡하고 첨예한 구조개혁 과정에서 원칙에 충실하기가 쉽지 않다. 그러나 우리는 국가 경제의 새로운 큰 틀을 짜는 중이다. 이런 큰 일은 원칙에 기반을 두고 진행해야 열매를 기대할 수 있다. 지금 국내외 시장 참여자들은 구조조정을 지휘하는 정부가 얼마나 단기실적을 많이 올리는가보다 얼마나 흔들리지 않고 일관성을 유지하는가를 더 주시하고 있다.

●「조선일보」, 2000년 11월 24일

16

리스크 관리를 철저하게 하라

아침 출근길 라디오에서 들은 이야기이다. 우리나라 운전자들이 안전벨트를 착용하는 비율은 평균 40퍼센트 수준이라고 한다. 그러나 미국이나 일본에서는 80퍼센트의 운전자들이 안전벨트를 하며 캐나다에서는 그 비율이 90퍼센트에 이른다고 한다.

안전벨트를 착용하면 사고 시 인명피해를 40퍼센트 이상 줄일 수 있다. 그런데 우리의 안전벨트 착용비율이 다른 나라에 비해 반도 못 미치는 것은 무엇을 의미하는가? 이에 관한 설명은 여러 측면에서 찾아볼 수 있지만 최소한 우리 국민이 위험에 관해 다른 나라 국민들보다 훨씬 무감각하다는 것을 나타내는 증거라고 볼 수 있다.

그간 우리나라 사람들은 위험에 대한 불감증이 지나친 상태라는 것이 자주 지적됐다. 이러한 불감증이 주원인이 되어 크고 작은 사고가 많이 일어나는 바람에 '사고공화국'이라고 자조하는 말까지 등

장한 것이 사실이다.

이제 이러한 위험 불감증을 경제 문제와 연결하여 생각해보자. 결론부터 말하면 비정상적인 위험 불감증은 우리경제의 광범위한 부실과 이에 따른 국가적 위기를 초래한 중요한 배경 중의 하나이다.

그간 우리는 제대로 위험을 파악하거나 대비하지 않고 투자하거나 자금을 조달하는 경우가 많았다. 교통사고로 인한 신체적 위험에도 그렇게 무감각한데, 경제활동에 따른 위험 대비가 미비한 것은 그렇게 이상할 것도 없지 않은가.

안전운전을 하지 않으면 교통사고가 많을 수밖에 없고 안전경제활동을 하지 않으면 경제 부실과 도산이 많을 수밖에 없다. 물론 운전할 때와 마찬가지로 경제활동을 하는 과정에서 어느 정도 위험은 감수할 수밖에 없다. 하지만 줄일 수 있는 위험은 최대한 줄여야 한다.

사실 그간 우리가 부산하게 진행하는 구조조정도 외부에서 예고없이 닥치는 충격과 위험에 최소의 비용으로 대응할 수 있는 효율적 경제체제를 확립하는 작업이라고 할 수 있다.

한국경제는 이제 거의 완전 개방되고 선진국의 거대 금융시장과 밀접하게 연결되어 경제활동에 따른 위험이 이전보다 훨씬 늘어났다는 사실을 잊어서는 안 된다.

정부를 포함해서 많은 사람들이 최근에 나타난 반도체 가격의 하락, 유가의 급등, 미국증시의 요동과 같은 대외적인 여건 변화와 그 파급효과에 크게 당혹했다. 그러나 우리는 이제 이러한 전개를 이례적인 것으로 보지 말고 개방경제체제하에서는 수시로 생길 수 있는 일로 인식해야 한다.

앞으로 각 민간 경제주체는 차입이나 투자활동에 따른 위험을 철저히 따지고 관리하도록 해야 한다. 무엇보다도 차입의 위험과 무서움을 결코 과소평가해서는 안 된다.

운전자가 안전벨트를 하는 것은 소심해서가 아니고 본인의 신체, 재산, 나아가 타인의 재산을 보호하기 위함이다. 마찬가지로 경제활동에 있어서도 안전벨트를 매고 위험을 제대로 관리하는 것은 그 경제주체의 재산을 보호할 뿐만 아니라 다른 경제주체의 재산보호와 국가경제 시스템의 안정에 이바지하는 일이라고 인식해야 한다.

한편 정부는 민간주체들이 위험을 인지하고 평가하는 데 필요한 관련 경제정보를 쉽고 값싸게 접근하여 사용할 수 있도록 적극 지원해야 한다.

기업이나 금융기관에 대한 정확한 정보가 많이 생산되고 널리 배포되도록 제도적 장치를 시급히 정비해야 한다. 경제활동에 관련된 보다 정확한 정보가 투명하게 공개되어 공유될 때 각 경제주체는 체계적이고 효율적으로 위험을 줄일 수 있다. 물론 여기서 말하는 정보에는 정부정책과 감독에 관한 정보도 포함된다.

● 『대한매일』, 2000년 12월 13일

KI신서 3384

하성근 교수의 롤러코스터 경제학

1판 1쇄 인쇄 2011년 5월 25일
1판 1쇄 발행 2011년 5월 31일

지은이 하성근
펴낸이 김영곤 **펴낸곳** (주)북이십일 21세기북스
출판콘텐츠사업부문장 정성진 **TF팀장** 안현주
기획 편집 유승재 **디자인** 표지 twoes 본문 노승우
마케팅영업본부장 최창규 **마케팅** 김보미 김현유 강서영 **영업** 이경희 우세웅 박민형
출판등록 2000년 5월 6일 제10-1965호
주소 (우 413-756) 경기도 파주시 교하읍 문발리 파주출판단지 518-3
대표전화 031-955-2100 **팩스** 031-955-2151 **이메일** book21@book21.co.kr
홈페이지 www.book21.com **블로그** b.book21.com **트위터** @21cbook

ⓒ 하성근, 2011

ISBN 978-89-509-3140-7 03320
값은 뒤표지에 있습니다.